D1521897

Piense y hágase
rico día a día

Napoleon Hill, Joel Fotinos
y August Gold

Piense y hágase rico día a día

365 días de éxito

EDICIONES OBELISCO

Colección Éxito
PIENSE Y HÁGASE RICO DÍA A DÍA
Napoleon Hill, Joel Fotinos y August Gold

1.ª edición: febrero 2014

Título original: THINK AND GROW RICH EVERY DAY

Traducción: *Raquel Mosquera*
Corrección: *M.ª Jesús Rodríguez*
Maquetación: *Marga Benavides*
Diseño de cubierta: *Enrique Iborra*

© 2010 Joel Fotinos y August Gold por la introducción y la adaptación
(Reservados todos los derechos)
Edición publicada por acuerdo con Jeremy P. Tarcher,
miembro de Penguin Group (USA) Inc.
© 2014, Ediciones Obelisco, S. L.
(Reservados los derechos para la presente edición)

Edita: Ediciones Obelisco, S. L.
Pere IV, 78 (Edif. Pedro IV) 3.ª planta, 5.ª puerta
08005 Barcelona - España
Tel. 93 309 85 25 - Fax 93 309 85 23
E-mail: info@edicionesobelisco.com

Paracas, 59 C1275AFA Buenos Aires - Argentina
Tel. (541-14) 305 06 33 - Fax: (541-14) 304 78 20

ISBN: 978-84-15968-29-0
Depósito Legal: B-929-2014

Printed in Spain

Impreso en España en los talleres gráficos de Romanyà/Valls, S.A.
Verdaguer, 1 - 08786 Capellades (Barcelona)

Introducción

Cuando comencé a leer *Piense y hágase rico* y a aplicar sus principios en serio, descubrí algo simple y profundo. Descubrí que cuando leía el libro diariamente, y a su vez aplicaba lo que había leído todos los días de mi vida, experimentaba más éxito. Cuando no lo hacía todos los días, experimentaba menos éxito. Esto puede no parecerle una novedad a alguien más, pero este simple hecho cambió mi vida por completo.

Hasta darme cuenta de ese hecho, había leído partes del libro, había probado algunas de las sugerencias que Napoleon Hill menciona en el texto, e incluso llegué a elaborar mi «Declaración», aunque no sentía la necesidad de leerlo dos veces al día, tal y como él instruye. Lo utilizaba de forma más esporádica y la falta de resultados demostró mi falta de compromiso. Como dice el refrán, las medias tintas no sirven, y ésa fue sin duda mi experiencia. En ese momento, yo era una persona que creía que el éxito se obtenía «deseando y esperando», sin poner el esfuerzo necesario para contribuir al mismo.

Pero, tal y como Napoleon Hill enseña una y otra vez: «No se puede obtener algo a cambio de nada». Así que decidí comprometerme plenamente con los principios que se encuentran en *Piense y hágase rico* y ver hacia dónde me llevaban.

Cuando empecé a dedicarme a la lectura diaria del libro y a hacer todo lo que éste sugiere con el ánimo con el que Napoleon Hill escribió el libro, todo empezó a cambiar para mí. Empecé a experimentar el éxito casi de inmediato. ¿Por qué? Porque tal y como Napoleon Hill sugiere en su libro pionero *Piense y hágase rico*, cuando estamos activos en nuestra vida diaria, nos comprometemos en nuestras vidas. Cuando estamos comprometidos, podemos optar por influir en nuestras vidas cada día, y al hacerlo, influimos de manera automática cada día que le sigue. Aquellos que no se comprometen a diario en sus propias vidas no tienen la misma experiencia.

Durante los años que han pasado desde que descubrí los beneficios de *Piense y hágase rico*, he leído el libro muchas veces y he trabajado con Equipos Maestros y compañeros, y he enseñado los principios a cientos de personas en talleres basados en *Piense y hágase rico*. También me deleitaba en la otra obra magna de Napoleon Hill, *Las leyes del éxito*, que contiene muchas de estas ideas, así como otros conceptos que son congruentes con *Piense y hágase rico*. A partir de esta experiencia que mi compañero del Equipo Maestro, August Gold, y yo tuvimos con los principios surgieron dos proyectos. El primero, el libro de ejercicios de *Piense y hágase rico*, un complemento del original *Piense y hágase rico*, contiene ejercicios que ayudan a que los lectores comiencen a aplicar las sugerencias de *Piense y hágase rico* en sus propias vidas. Y ahora viene *Piense y hágase rico día a día*, una manera de tomar la inspiración de *Piense y hágase rico*, y *Las leyes del éxito* y obtener beneficios de estos tesoros diariamente.

Debemos tener presentes algunos aspectos sobre *Piense y hágase rico día a día* antes de empezar la lectura. En primer lugar, todo el material de *Piense y hágase rico día a día* proviene de las ediciones originales y de dominio público de *Piense y hágase rico* (1937) y *Las leyes del éxito* (1928). Sin embargo, hemos realizado unos leves cambios en la puntuación y otras alteraciones gramaticales y condensaciones para que el texto tenga más sentido cuando se lea en fragmentos de inspiración diaria. Napoleon Hill escribió este material hace casi un siglo, durante y después de la Gran Depresión, y el lenguaje de la época, incluyendo el uso de los pronombres masculinos y los ejemplos, es algo diferente al de hoy en día. Hemos dejado intacta la mayor parte, incluso ocasionales referencias o uso de palabras anticuadas, o la utilización de mayúsculas o cursivas para enfatizar ciertas palabras o frases, con sólo unos pequeños ajustes para mayor claridad.

Una buena forma de leer este material es elegir un principio importante y estudiarlo durante un mes entero. Sin embargo, en *Piense y hágase rico* hay trece principios y sólo doce meses en el año. Decidimos combinar dos de los capítulos más cortos de *Piense y hágase rico,* «La mente subconsciente» y «El cerebro», en un mes de estudio. Además, dado que el material es tan importante, hemos añadido fragmentos de «Cómo burlar a los seis fantasmas del miedo» al principio de «El Sexto Sentido» de diciembre. *Piense y hágase rico día a día* está destinado a complementar los textos originales, no a reemplazarlos. Si usted está interesado en alguna idea o principio en particular de *Piense y hágase rico cada día,* le animamos a leer *Piense y hágase rico* y *Las leyes del éxito* para una mayor exploración de la filosofía de Napoleon Hill y ver el texto en su forma original.

En *Piense y hágase rico,* Napoleon Hill pide a los lectores que sigan «seis pasos prácticos» que trasmutarán los deseos en riquezas. Estos pasos son la clave de *Piense y hágase rico,* así que los hemos puesto al principio de esta guía diaria en la sección titulada «Los seis pasos hacia el éxito». Lea los seis pasos, haga lo que sugieren, y después elabore su «declaración» (*véase* pág. 14).

Una vez que haya establecido su meta y sus intenciones por escrito, las lecturas diarias le ayudarán a alcanzar su meta.

Piense y hágase rico ha vendido millones de ejemplares y se ha mantenido en impresión y en las listas de libros más vendidos desde su publicación original en 1937. ¿Por qué? Porque la filosofía que contiene ha funcionado para muchas personas. ¡Ahora es su momento de sentirse inspirado día a día!

JOEL FOTINOS y AUGUST GOLD

Los seis pasos hacia el éxito

de *Piense y hágase rico* de Napoleon Hill

El método por el cual el deseo de tener riqueza puede convertirse en su equivalente económico consiste en seis pasos concretos y prácticos:

PRIMERO. Determinar mentalmente la cantidad *exacta* de dinero que uno desea. No basta con limitarse a decir: «Quiero mucho dinero». Hay que ser precisos en lo que se refiere a la cantidad.

SEGUNDO. Determinar exactamente aquello que uno pretende dar a cambio del dinero que desea. (No existe tal realidad de obtener «algo a cambio de nada»).

TERCERO. Establecer el plazo concreto en el que se tiene previsto *poseer* el dinero que se desea.

CUARTO. Idear un plan definido para conseguir el deseo y empezar *de inmediato*, tanto si estamos preparados como si no, a poner en práctica dicho plan.

QUINTO. Redactar una declaración clara y concisa de la cantidad de dinero que pretendemos adquirir, mencionar el plazo límite para su adquisición, exponer aquello que vamos a dar a cambio del dinero y describir claramente el plan con el que pretendemos acumularlo.

SEXTO. Leer la declaración en voz alta, dos veces al día, una de ellas antes de acostarnos y la otra al levantarnos por la mañana. *A medida que uno lea, debe verse, sentirse y creerse ya en posesión del dinero.*

Las instrucciones en relación con los seis pasos serán ahora resumidas y mezcladas con los principios de la siguiente manera:

1. Vaya a algún lugar tranquilo (preferiblemente en la cama por la noche) en el que no vaya a ser molestado, cierre los ojos y repita en voz alta (de manera que pueda escuchar sus propias palabras) la declaración escrita de la cantidad de dinero que se propone acumular, el plazo para su acumulación, y una descripción del servicio o mercancía que se propone dar a cambio del dinero. Al llevar a cabo estas instrucciones, visualícese a sí mismo ya en posesión del dinero.

   Por ejemplo: supongamos que usted tiene la intención de acumular cincuenta mil dólares para el primero de enero, dentro de cinco años, y que tiene la intención de prestar servicios personales a cambio del dinero, en calidad de vendedor. Su declaración escrita de su propósito debe ser similar a la siguiente:

   Para el primero de enero de 20XX, voy a tener en mi poder cincuenta mil dólares, que vendrán a mí en varias cantidades de vez en cuando durante el período interino.

   A cambio de este dinero voy a dar el servicio más eficiente de lo que soy capaz, prestando la máxima cantidad y la mejor calidad de servicio posible en calidad de vendedor de... (describa el servicio o mercancía que va a vender). Creo que voy a tener este dinero en mi poder. Mi fe es tan fuerte que ahora puedo ver el dinero delante de mis ojos. Puedo tocarlo con las manos. Ahora está a la espera de serme trasferido en el tiempo y en la proporción en la que presto el servicio que tengo la intención de ofrecer a cambio de ello. Estoy a la espera de un plan mediante el cual acumular este dinero, y voy a seguir ese plan cuando lo reciba.

2. Repita el primer paso por la noche y por la mañana hasta que pueda ver (en su imaginación) el dinero que se propone acumular.
3. Coloque una copia escrita de su declaración donde la pueda ver por la mañana y por la noche, y léala antes de acostarse y al levantarse hasta que se la haya aprendido de memoria.

Recuerde que, al llevar a cabo estas instrucciones, está aplicando el principio de la autosugestión con el propósito de dar órdenes a su subconsciente. Recuerde, también, que su subconsciente actuará sólo a partir de instrucciones cargadas de emoción y entregadas a él con «sentimiento». La fe es la más fuerte y productiva de las emociones. Siga las instrucciones de la fe.

Estas instrucciones pueden parecer abstractas al principio. No deje que esto le moleste. Siga las instrucciones, por muy abstractas o poco prácticas que puedan ser al principio. Pronto llegará el momento, si actúa como se le ha indicado, *en espíritu y en actos*, cuando un nuevo universo de poder se desplegará ante usted.

MI DECLARACIÓN

La cantidad exacta de dinero que deseo es:

_____

Tengo la intención de dar

_____ a cambio

del dinero que deseo.

La fecha concreta en la que pretendo poseer ese dinero es:

_____

Mi plan de acción preciso es:

1. _____
2. _____
3. _____

Firmado: _____
Fecha: _____

Enero

El primer paso hacia las riquezas

DESEO

1 de enero

Un impulso intangible del pensamiento puede convertirse en su homólogo material con la aplicación de principios conocidos. Realmente, «los pensamientos son cosas», y cosas poderosas cuando se mezclan con propósitos definidos, perseverancia y un ardiente deseo de traducirlos en riqueza o en otros objetos materiales.

2 de enero

Todo ser humano que llega a la edad de entender el propósito del dinero lo desea con ilusión. *Desearlo* no traerá riquezas. Pero *desear* riquezas con tanto ímpetu que termine por convertirse en una obsesión, planear medios definidos para adquirirlas y respaldar esos planes con una firmeza que *no admita el fracaso* sí que traerá riquezas.

3 de enero

Toda persona que gana en cualquier empresa debe estar dispuesta a quemar sus naves y reducir todas las alternativas posibles de retirada. Sólo así puede asegurarse mantener este estado mental conocido como deseo ardiente de ganar, condición esencial para tener éxito.

4 de enero

Cuando la oportunidad llega, suele aparecer de una forma y con una dirección muy distinta a la que uno se espera. Es uno de los caprichos de la oportunidad, ya que tiene el astuto hábito de entrar silenciosamente por la puerta trasera, y muchas veces llega disfrazada de mala suerte o de fracaso temporal. Quizás ésta sea la razón por la que tantas personas no son capaces de identificarlas como oportunidades.

5 de enero

Uno puede quejarse de que es imposible «verse en posesión de dinero» antes de tenerlo realmente. Aquí es donde acudirá en su ayuda el deseo ardiente. Si uno verdaderamente *desea* dinero con tanto entusiasmo que su deseo se vuelve una obsesión, no hallará ninguna dificultad para convencerse de que lo adquirirá.

6 de enero

Para los no iniciados que carecen de escolarización en los principios prácticos de la mente humana, estas instrucciones tal vez parezcan poco prácticas. Quizás sea útil saber que la información que trasmiten proviene de Andrew Carnegie, quien empezó siendo un obrero ordinario en las acerías y se las ingenió para que, a pesar de su humilde comienzo, esos principios le rindieran una fortuna considerable de más de cien millones de dólares. También puede ser de gran utilidad saber que los seis pasos aquí recomendados fueron escudriñados cuidadosamente por el fallecido Thomas A. Edison, que puso su estampilla de aprobación sobre ellos por ser esenciales no sólo para acumular dinero, sino también para lograr *cualquier meta definida.*

7 de enero

A los que estamos en este recorrido hacia la riqueza, debería alentarnos saber que este mundo distinto en el que vivimos pide nuevas ideas, nuevas maneras de hacer las cosas, nuevos líderes, nuevos inventos, nuevos métodos de enseñanza, nuevos métodos de venta, nuevos libros, nueva literatura, nuevos documentales de radio, nuevas ideas para el cine. Detrás de toda esta demanda de cosas nuevas y mejores, hay una cualidad que uno debe poseer para ganar: se trata de la concreción del propósito, el conocimiento de lo que uno quiere, y un *deseo* ardiente de poseerlo. Este mundo distinto necesita soñadores prácticos que *pongan* en práctica sus sueños. Los soñadores prácticos siempre han sido y siempre serán los que confeccionan los patrones de la civilización.

8 de enero

Cuando uno empiece a pensar y hacerse rico, observará que las riquezas comienzan con un estado mental, con un propósito definido y con poco o ningún trabajo arduo. El lector, y cualquier otra persona, debería estar interesado en saber cómo adquirir ese estado mental que atraerá riquezas. Dediqué veinticinco años a la investigación analizando más de veinticinco mil personas porque yo, también, quería saber «cómo los ricos llegan a ser ricos».

9 de enero

¡La vida es extraña y a menudo imponderable! Tanto los éxitos como los fracasos tienen sus raíces en experiencias sencillas. Sin embargo, para prosperar mediante estas experiencias, hay que *analizarlas* y hallar la lección que enseñan. Una idea sólida es todo lo que uno necesita para lograr el éxito.

10 de enero

Cuando las riquezas empiezan a llegar, aparecen tan rápidamente y en tal abundancia que uno se pregunta dónde han estado escondiéndose durante todos esos años de escasez. Se trata de una declaración asombrosa, sobre todo cuando tomamos en consideración la creencia popular de que las riquezas vienen sólo a aquellos que trabajan duro y durante mucho tiempo.

11 de enero

Cuando Henley escribió las líneas proféticas: «Soy el dueño de mi destino, soy el capitán de mi alma» debería habernos informado de que nosotros somos los dueños de nuestro destino y los capitanes de nuestra alma *porque* tenemos el poder de controlar nuestros pensamientos. Nos debería haber dicho que el éter en el que flota esta pequeña Tierra, en el que nos movemos y tenemos nuestro organismo, es una forma de energía que vibra a una velocidad inconcebiblemente alta; que está compuesto por un tipo de poder universal que se adapta a la naturaleza de los pensamientos que fluyen en nuestra mente y nos influye, de manera natural, para convertir nuestros pensamientos en su equivalente físico.

12 de enero

El mundo se ha acostumbrado a los nuevos descubrimientos. Más aún, ha mostrado la disposición de recompensar al soñador que le ofrece al mundo una nueva idea. «Al principio y durante un tiempo, el logro más importante no fue nada más que un sueño». «El roble duerme en la bellota. El pájaro espera en el huevo y en la visión más elevada del alma, un ángel de vigilia se mueve. Los sueños son las plántulas de la realidad».

13 de enero

Para tener éxito se debe escoger un objetivo definido, emplear toda la energía, todo el poder y todo el esfuerzo en conseguir esa meta. Permanecer fiel al deseo hasta que se convierta en la obsesión dominante de la vida de uno y, finalmente, en una realidad.

14 de enero

El éxito les llega a los que adquieren conciencia del éxito. El fracaso les llega a los que se abandonan con indiferencia a tener conciencia del fracaso. El objetivo es aprender el arte de cambiar su enfoque de una conciencia de fracaso a una conciencia de éxito.

15 de enero

Nos negamos a creer lo que no comprendemos. Creemos ingenuamente que nuestras propias limitaciones son la medida correcta de las limitaciones en general. Millones de personas observan los logros de Henry Ford y lo envidian por su buena fortuna, suerte o genialidad, o cualquier cosa a la que atribuyan su riqueza. Quizás una persona de cada cien mil conozca el secreto del éxito de Ford, pero los que lo conocen son demasiado modestos o demasiado reacios a hablar de ello *debido a su simplicidad.* Henry Ford fue un hombre triunfador porque comprendió y *aplicó* los principios del éxito. Uno de ellos es el deseo: saber lo que uno quiere.

16 de enero

El objetivo es querer dinero y estar tan decidido a tenerlo lo convencerá de que lo tendrá. Sólo aquellos que adquieren «conciencia del dinero» acumulan grandes riquezas. «La conciencia del dinero» quiere decir que la mente se ha saturado tanto del deseo de tener dinero que uno ya puede verse en posesión de él.

17 de enero

Nuestra mente no intenta discriminar entre pensamientos destructivos y pensamientos constructivos, sino que nos insta a transformar en realidad física los pensamientos relacionados con la pobreza, con la misma velocidad que nos influirá para actuar sobre los pensamientos relacionados con la riqueza. Nuestros cerebros se magnetizan con los pensamientos que dominan nuestra mente y que, por medios con los que no estamos familiarizados, estos «imanes» atraen hacia nosotros las fuerzas, las personas y las circunstancias de la vida que están en armonía con la naturaleza de nuestros pensamientos *dominantes.*

18 de enero

Antes de acumular riquezas de manera abundante, debemos magnetizar nuestra mente con el intenso deseo de tener riquezas, y debemos adquirir «conciencia del dinero» hasta que el deseo por el dinero nos lleve a crear unos planes definidos a fin de adquirirlo.

19 de enero

Nosotros, que queremos acumular riquezas, deberíamos recordar que los verdaderos líderes mundiales siempre han sido personas que aprovecharon y le dieron una utilidad práctica a las fuerzas intangibles e invisibles de las oportunidades futuras, y que han convertido estas fuerzas (o impulsos del pensamiento) en rascacielos, ciudades, fábricas, aeronaves, automóviles y cualquier tipo de recurso que ha hecho la vida más placentera.

La tolerancia y una mentalidad abierta son los requisitos prácticos del soñador de hoy. Aquellos que temen las ideas nuevas están condenados antes de empezar. Nunca ha habido una época más favorable para los pioneros que la actual. Es cierto que no hay un oeste salvaje e impreciso que conquistar, como en los días de las carretas, pero hay un vasto mundo comercial, económico e industrial que remodelar y redirigir con nuevas y mejores trayectorias.

20 de enero

A la hora de planear la adquisición de su parte de riquezas, uno no debe dejar que le influyan para que desdeñe al soñador. Para ganar las grandes apuestas de este mundo cambiante, se debe adoptar el espíritu de los grandes pioneros del pasado, cuyos sueños han dado a la civilización todo lo que tiene de valor, el espíritu que constituye la sangre vital de nuestro propio país; nuestra oportunidad de desarrollar y comercializar nuestros talentos.

No debemos olvidar que Colón soñó con un mundo desconocido, arriesgó su vida por la existencia de dicho mundo ¡y lo descubrió!

Copérnico, el gran astrónomo, soñó con una multiplicidad de mundos ¡y los desveló! Nadie lo acusó de ser «inútil» *después* de que triunfara. En lugar de eso, el mundo lo adoró en su santuario, demostrando así, una vez más, que «el éxito no requiere disculpas y el fracaso no permite excusas».

21 de enero

¡Si lo que uno desea hacer es correcto y *cree en ello,* debe seguir adelante y llevarlo a cabo! Debe comunicar su sueño y no importarle nunca lo que los «demás» digan si fracasa temporalmente, porque «ellos», quizás, no sepan que cada fracaso trae consigo la semilla de un éxito equivalente.

22 de enero

Creo en el poder del deseo respaldado por la fe porque he sido testigo de cómo ha logrado alzar a personas de orígenes humildes a posiciones de poder y riqueza; he visto cómo saqueaba las tumbas de sus víctimas; lo he visto actuar como medio por el cual las personas reaparecían en escena después de haber sufrido derrotas de cien maneras distintas y he visto cómo le proporcionaba a mi hijo una vida normal, feliz y exitosa a pesar de que la naturaleza lo envió a este mundo sin orejas.

A través de algún extraño y poderoso principio de la «química mental» que nunca ha salido a la luz, la naturaleza envuelve en el impulso de un deseo intenso «ese algo» que no admite la palabra *imposible* y que no acepta el fracaso como una realidad.

23 de enero

Es mi deber y un privilegio decir que creo, y no sin razón, que nada es imposible para la persona que respalda su deseo con una fe duradera.

Verdaderamente, un deseo ardiente tiene maneras enrevesadas de convertirse en su equivalente material.

¡Extraño e imponderable es el poder de la mente humana! No comprendemos el método que emplea para que cada circunstancia, cada individuo y cada objeto físico dentro de su alcance sean medios para convertir el deseo en su equivalente físico. Quizás la ciencia pueda descubrir este misterio.

24 de enero

Verdaderamente, mi propio hijo me ha enseñado que los impedimentos físicos pueden convertirse en peldaños por los que uno puede escalar hacia una meta loable siempre que no se vean como obstáculos y se utilicen como excusa.

Piense en las palabras del inmortal Emerson: «El curso de las cosas acontece para enseñarnos la fe. Sólo necesitamos estar atentos. Hay indicadores para cada uno de nosotros, y si escuchamos con humildad, oiremos *la palabra adecuada*». ¿La palabra adecuada? *¡Deseo!*

25 de enero

Avive de nuevo en su mente el fuego de la esperanza, la fe, el coraje y la tolerancia. Si tiene esta disposición y un conocimiento práctico de los principios descritos, todo lo demás que necesite acudirá a usted cuando esté preparado para ello. Dejemos que Emerson exprese esta idea con las siguientes palabras: «Cada proverbio, cada libro, cada sinónimo que tienes para tu ayuda y comodidad te vendrá sin duda a la mente por algún camino recto o tortuoso. Cada amigo anhelado, no por tu fantástica voluntad, sino por tu alma grande y tierna, te atrapará en ese abrazo».

26 de enero

Hay una diferencia entre desear algo y estar preparado para recibirlo. Nadie está *preparado* para algo hasta que *cree* que puede adquirirlo. Su estado mental debe ser de convicción y no una mera esperanza o deseo. La amplitud de ideas es esencial para convencerse. Una mentalidad cerrada no inspira fe, coraje ni convicción.

Cabe recordar que no es necesario hacer ningún esfuerzo para apuntar alto en la vida y reclamar riquezas y prosperidad, al igual que el que se requiere para aceptar la miseria y la pobreza.

27 de enero

Despertad, levantaos e imponeos, vosotros, soñadores del mundo. Vuestra estrella está ahora en el poder. La crisis mundial trajo la oportunidad que habéis estado esperando. Les enseñó a las personas los conceptos de humildad, tolerancia y amplitud de ideas.

El mundo está repleto de abundantes oportunidades que los soñadores del pasado nunca llegaron a conocer. Un deseo ardiente de ser y hacer es el punto de partida del que un soñador debe despegar. Los sueños no son productos de la indiferencia, la pereza o la falta de ambición. El mundo ya no se mofa del soñador, ni lo desprestigia por ser poco práctico.

28 de enero

Si uno se ha decepcionado, ha experimentado la derrota durante la depresión y ha sentido que se partía su gran corazón hasta sangrar, debe animarse, pues estas experiencias han templado el metal espiritual del que está hecho; son virtudes de un valor incomparable.

29 de enero

Uno debe recordar que todos los que han triunfado en la vida comenzaron mal y se enfrentaron a numerosas dificultades desgarradoras antes de «llegar». El momento decisivo en las vidas de aquellos que tuvieron éxito usualmente llega en una etapa de crisis, a través de la cual se les presenta a su «otro yo».

O. Henry descubrió al genio que dormía en su interior después de que le ocurriera una gran desgracia y fuera encarcelado en un calabozo. Al verse forzado, a través de la mala suerte, a conocer a su «otro yo» y a usar su imaginación, descubrió que era un gran autor en lugar de un delincuente y un paria despreciable.

30 de enero

¡La vida es extraña, y a menudo imponderable! Tanto los éxitos como los fracasos tienen sus raíces en experiencias sencillas. Sin embargo, para beneficiarse de estas experiencias, hay que *analizarlas* y hallar la lección que enseñan.

31 de enero

Es una tragedia saber que el noventa y cinco por ciento de la población adulta del mundo no ha encontrado su lugar adecuado en el mundo laboral, sin tener ni la más ligera idea de nada que se parezca, siquiera remotamente, a un propósito claro o un plan definido.

Hay una razón psicológica, así como una razón económica para la selección de un objetivo principal definido en la vida. Es un principio muy establecido de la psicología que los actos de una persona están siempre en armonía con los pensamientos dominantes de su mente.

Cualquier objetivo principal definido que se fija deliberadamente en la mente y se mantiene allí, con la determinación de realizarlo, finalmente satura todo el subconsciente hasta que influye automáticamente en la acción física del cuerpo hacia el logro de ese propósito.

Febrero

El segundo paso hacia las riquezas

FE

1 de febrero

La fe es la principal sustancia química de la mente. Cuando la fe se combina con la vibración del pensamiento, el subconsciente capta instantáneamente la vibración, la traduce a su equivalente espiritual y la trasmite a la Inteligencia Infinita, como ocurre en las plegarias.

2 de febrero

Uno de los más grandes poderes para el bien que existen es la fe; a este maravilloso poder se le pueden atribuir milagros de la naturaleza más asombrosa. Ofrece paz sobre la Tierra a todo aquel que lo utilice.

La fe comprende un principio que es de tan largo alcance en sus efectos que nadie puede decir cuáles son sus limitaciones, o si las tiene.

3 de febrero

Las emociones de la fe, el amor y el sexo son las más poderosas de las principales emociones positivas. Cuando se combinan las tres, tienen el efecto de «colorear» la vibración del pensamiento de tal manera que éste alcanza instantáneamente el subconsciente, donde se convierte en su equivalente espiritual, la única forma que induce una respuesta de la Inteligencia Infinita.

4 de febrero

El amor y la fe son psicológicos; están relacionados con el lado espiritual del ser humano. El sexo es puramente biológico y está relacionado únicamente con el lado físico. La combinación o mezcla de estas tres emociones tiene como consecuencia la apertura de una línea directa de comunicación entre la mente finita y racional del ser humano y la Inteligencia Infinita.

5 de febrero

La fe es un estado mental que se puede inducir o crear por medio de afirmaciones o de instrucciones repetidas al subconsciente, a través del principio de autosugestión. La repetición de órdenes al subconsciente es el único método conocido para intensificar voluntariamente la emoción de la fe. Esto equivale a decir que cualquier impulso del pensamiento que se trasmita repetidamente al subconsciente, éste finalmente lo acepta y actúa sobre él, y procede a traducirlo en su equivalente material con el procedimiento más práctico que haya disponible.

6 de febrero

Consideremos de nuevo la afirmación: todos los pensamientos que se han «emocionalizado» (cargado de emociones) y combinado con la fe, inmediatamente empiezan a convertirse en su equivalente u homólogo físico. Las emociones, o la parte «emotiva» de los pensamientos, son los elementos que les dan vitalidad y acción a éstos. Las emociones de la fe, el amor y el sexo, cuando se combinan con un impulso del pensamiento dado, le proporcionan una actividad mayor que la que podría darle cualquiera de estas emociones individualmente.

No sólo los impulsos del pensamiento que se han combinado con la fe pueden alcanzar e influir en el subconsciente, sino también aquellos que se han mezclado con cualquier emoción positiva o negativa.

7 de febrero

El subconsciente puede convertir en su equivalente físico un impulso del pensamiento de naturaleza negativa o destructiva tan rápidamente como lo haría con un pensamiento de naturaleza positiva o constructiva. Esto explica el extraño fenómeno que experimentan millones de personas, al que se refieren como «desgracia» o «mala suerte».

Millones de personas creen que están «condenadas» a ser pobres o fracasar porque existe alguna fuerza extraña sobre la que creen no tener ningún control. Ellas mismas son las creadoras de sus propias «desgracias» por su creencia negativa, que capta el subconsciente y la traduce a su equivalente físico.

8 de febrero

Uno podrá beneficiarse si trasmite cualquier deseo que desee traducir a su equivalente físico o económico a su subconsciente con un estado de esperanza o creencia de que realmente tendrá lugar dicha conversión. Su creencia o fe es el elemento que determina la acción de su subconsciente. No hay nada que le impida «engañar» a su subconsciente cuando le da instrucciones a través de la autosugestión.

A fin de que este «engaño» sea más realista, uno puede comportarse tal y como lo haría si ya estuviera en posesión del objeto material que desea cuando invoque a su subconsciente.

El subconsciente convertirá en su equivalente físico con los medios disponibles más directos y prácticos cualquier orden que se le exija siempre que uno tenga fe en que dicha orden se llevará a cabo.

9 de febrero

Si es cierto que uno puede convertirse en un delincuente cuando se asocia con la delincuencia (y se trata de un hecho conocido), entonces es igualmente cierto que uno puede desarrollar la fe si le sugiere voluntariamente a su subconsciente que tenga fe. La mente, al final, termina encargándose de la naturaleza de las influencias que la dominan. Si el lector comprende esta verdad, entenderá también por qué es esencial fomentar el dominio de las *emociones positivas* en la mente y ahuyentar y *eliminar* las emociones negativas.

10 de febrero

Una mente dominada por emociones positivas se convierte en un domicilio favorable para el estado mental llamado fe. Una mente tan dominada puede, a voluntad, darle instrucciones al subconsciente, y éste las aceptará y actuará sobre ellas inmediatamente.

11 de febrero

La fe es un estado mental que puede inducirse con autosugestión. Se puede crear fe allí donde ya no existe.

Uno debe tener fe en uno mismo; fe en el infinito.

12 de febrero

Es un hecho conocido que uno finalmente termina por creer cualquier cosa que se repita a sí mismo, *tanto si la declaración es verdadera como si es falsa*. Si una persona repite una mentira una y otra vez, finalmente la aceptará como una verdad. Es más, creerá que es cierta. Cualquier persona es lo que es por los pensamientos dominantes que permite que ocupen su mente. Los pensamientos que una persona acoge deliberadamente en su propia mente, que fomenta con entusiasmo y que combina con una o varias emociones, constituyen las fuerzas motivadoras que dirigen y controlan todos sus movimientos, conductas y hazañas.

13 de febrero

Los pensamientos que se combinan con cualquier emoción constituyen una fuerza «magnética» que atrae, de las vibraciones del éter, otros pensamientos similares o relacionados. Un pensamiento así, «magnetizado» con la emoción, puede compararse con una semilla que, cuando se planta en un suelo fértil, germina, crece y se multiplica una y otra vez hasta que aquello que originalmente era una pequeña semilla se convierte en infinitos millones de semillas de la misma clase.

14 de febrero

El éter es una gran masa cósmica de fuerzas eternas de vibración. Está constituido tanto por vibraciones destructivas como constructivas. Trasmite, en todo momento, vibraciones de miedo, pobreza, enfermedad, fracaso y miseria, y vibraciones de prosperidad, salud, éxito y felicidad.

La mente humana constantemente atrae, del gran almacén del éter, vibraciones que están en armonía con aquellas que dominan en ella. Cualquier pensamiento, idea, plan o propósito que uno *tiene* en su mente atrae, de las vibraciones del éter, a multitud de parientes suyos, añade estos «familiares» a su propio cuerpo y crece hasta convertirse en el maestro motivador predominante del individuo en cuya mente se ha instalado.

15 de febrero

Ahora volvamos al punto de partida para ponernos al corriente de cómo plantar en la mente la primera semilla de una idea, plan o propósito. La información se puede comunicar fácilmente: cualquier idea, plan o propósito puede plantarse en la mente *por medio de su repetición.* Por eso se le pide al lector que escriba su principal propósito o su meta primordial y definida, lo memorice y lo repita, en palabras audibles, día tras día, hasta que estas vibraciones hayan alcanzado su subconsciente.

Somos lo que somos por las vibraciones del pensamiento que adquirimos y registramos a través de los estímulos de nuestro entorno cotidiano.

16 de febrero

Debemos resolver dejar a un lado las influencias de un entorno desafortunado de cualquier tipo para construir la propia vida a medida. La realización de un inventario de los recursos y las desventajas mentales le permitirá descubrir al lector que, tal vez, su mayor debilidad sea la falta de confianza en sí mismo. Este obstáculo se puede superar y convertir la timidez en valentía con ayuda del principio de autosugestión. La aplicación de este principio se puede realizar con la simple enunciación por escrito de los impulsos positivos del pensamiento y su memorización y repetición hasta que formen parte del instrumental de la facultad subconsciente de la mente.

17 de febrero

AUTOCONFIANZA FÓRMULA #1
(Memorizar y repetir todos los días)

Sé que tengo la capacidad de conseguir el objeto del propósito definido de mi vida; por lo tanto, me exijo ser persistente y perseverante hasta conseguirlo, y aquí y ahora prometo actuar de este modo.

18 de febrero

AUTOCONFIANZA FÓRMULA #2
(Memorizar y repetir todos los días)

Sé que los pensamientos dominantes de mi mente finalmente se convertirán en actos externos y físicos y se trasformarán gradualmente en una realidad física; por lo tanto, concentraré mis pensamientos durante treinta minutos al día en la tarea de pensar en la persona en la que deseo convertirme, para crear así en mi mente una imagen mental clara de esa persona.

19 de febrero

AUTOCONFIANZA FÓRMULA #3
(Memorizar y repetir todos los días)

Sé, por el principio de la autosugestión, que cualquier deseo que albergue con persistencia en mi mente finalmente buscará expresarse a través de ciertos medios prácticos para lograr el objetivo que hay detrás de él; por lo tanto, dedicaré diez minutos al día a exigirme ganar confianza en mí mismo.

20 de febrero

AUTOCONFIANZA FÓRMULA #4
(Memorizar y repetir todos los días)

He anotado claramente una descripción de mi principal meta definida y nunca dejaré de intentarlo hasta que haya ganado la suficiente confianza en mí mismo para conseguirla.

21 de febrero

AUTOCONFIANZA FÓRMULA #5
(Memorizar y repetir todos los días)

Comprendo muy bien que no hay riqueza ni posición que pueda durar mucho tiempo a menos que tenga una base leal y justa; por lo tanto, no me involucraré en ninguna transacción que no beneficie a todos los implicados. Mi éxito se derivará de la atracción de las fuerzas que deseo utilizar y de la cooperación de los demás. Induciré a los demás a servirme porque estaré dispuesto a servirlos también a ellos. Terminaré con el odio, la envidia, los celos, el egoísmo y el cinismo a base de fomentar amor por toda la humanidad, porque sé que una actitud negativa hacia los demás nunca me dará el éxito. Lograré que los demás me crean porque creeré en ellos y en mí mismo.

22 de febrero

El subconsciente (el laboratorio químico en el que los impulsos del pensamiento se combinan y preparan para traducirse a la realidad física) no distingue entre impulsos del pensamiento positivos o negativos. Trabaja con el material que le proporcionamos a través de éstos. El subconsciente puede hacer realidad con la misma sencillez un pensamiento motivado por el miedo que un pensamiento guiado por el coraje o la fe.

Del mismo modo que la electricidad hace girar las ruedas de la industria y presta unos buenos servicios si se hace un buen uso de ella o termina con la vida si se la utiliza de forma incorrecta, la ley de autosugestión llevará a uno a lograr paz y prosperidad o lo hundirá en el valle de la miseria, el fracaso y la muerte según su grado de comprensión y la aplicación que haga de ella.

23 de febrero

Si uno llena su mente de miedo, dudas y falta de confianza en su capacidad de conectar y emplear las fuerzas de la Inteligencia Infinita, la ley de autosugestión adoptará este mismo espíritu de incredulidad y lo usará como patrón a partir del cual su subconsciente lo convertirá en su equivalente físico.

La ley de la autosugestión, a través de la cual una persona puede alcanzar unos niveles de éxito inimaginables, está bien descrita en los siguientes versos:

Si crees *que estás vencido, lo estás,*
si crees *que no te atreves, así es,*
si te gusta ganar, pero crees *que no puedes,*
es casi seguro que no lo lograrás.
Si crees *que perderás, estás perdido,*
porque la vida nos muestra
que el éxito empieza en la voluntad del hombre,
todo está en nuestro estado de ánimo.
Si crees *que eres superior, así es,*
has tenido que pensar alto para ascender,
has tenido que estar seguro de ti mismo
para poder obtener alguna recompensa.
Las batallas de la vida no siempre favorecen
a los hombres más fuertes o más rápidos,
pues tarde o temprano, el hombre que gana
es aquel que cree poder hacerlo.

24 de febrero

El lector debería recordar de nuevo que:

¡La fe es el «elixir eterno» que da vida, poder, y acción al impulso del pensamiento!

Vale la pena leer la frase anterior una segunda vez, y una tercera y una cuarta. ¡Es digna de ser leída en voz alta!

¡La fe es el punto de partida de toda acumulación de riquezas!

¡La fe es la base de todos los «milagros» y los misterios que no pueden ser explicados según los principios de la ciencia!

¡La fe es el único antídoto conocido contra el fracaso!

La fe es el elemento, la «sustancia química» que, cuando se combina con el rezo, establece una comunicación directa con la Inteligencia Infinita.

La fe es el elemento que trasforma la vibración ordinaria del pensamiento, creada por la mente finita del hombre, en su equivalente espiritual.

La fe es el único elemento a través del cual el hombre puede dominar y utilizar la fuerza cósmica de la Inteligencia Infinita.

25 de febrero

En alguna parte de nuestra estructura (tal vez en nuestras neuronas) se halla *dormida* la semilla del logro, la cual, si despertara y entrara en acción, nos llevaría a unas alturas que tal vez nunca esperamos alcanzar.

Igual que un virtuoso puede sacar los sonidos más bellos de las cuerdas de un violín, uno puede despertar al genio que duerme en su interior y hacer que lo lleve hacia arriba, hacia cualquier objetivo que desee lograr.

Abraham Lincoln fracasó en todo lo que intentó hasta tener bien cumplidos los cuarenta años. Fue un don nadie hasta que una gran experiencia surgió en su vida, despertó al genio durmiente que tenía en su corazón y su mente y le dio al mundo uno de sus mejores hombres.

Esta «experiencia» se combinó con emociones de tristeza y de amor. Le llegó a través de Anne Rutledge, la única mujer a la que amó verdaderamente.

26 de febrero

Se sabe que la emoción del amor es muy semejante al estado de ánimo llamado fe por el hecho de que el amor se aproxima mucho a la traducción de los impulsos del pensamiento en su equivalente espiritual. Durante la investigación que llevé a cabo, consistente en analizar la vida, las obras y los logros de cientos de hombres que obtuvieron resultados magníficos, descubrí la influencia del amor de una mujer en casi todos los casos. La emoción del amor en el corazón y el cerebro humanos crea un campo magnético favorable que provoca una afluencia de las vibraciones más altas y buenas que inundan el éter.

27 de febrero

La esencia de las enseñanzas y los logros de Cristo, que pueden haberse interpretado como «milagros», no fueron ni más ni menos que fe. ¡Si existe el fenómeno de los «milagros», éstos se deben únicamente al estado de ánimo llamado fe!

Consideremos el poder de la fe, tal y como nos lo mostró Mahatma Gandhi. Este hombre es uno de los ejemplos conocidos más sorprendentes que tiene el mundo de las posibilidades de la fe. Gandhi ejerció más poder que ningún otro de sus contemporáneos y eso a pesar de que no dispuso de ninguna de las herramientas ortodoxas del poder, tales como dinero, barcos de batalla, soldados y armas. Gandhi logró, mediante la influencia de la fe, aquello que el ejército más poderoso de la Tierra no ha podido ni podrá lograr jamás con soldados y armas. Logró la increíble hazaña de influir sobre doscientos millones de mentes para unirse y moverse al unísono como si fueran una sola mente. ¿Qué otra fuerza en la Tierra, aparte de la fe, podría hacer algo así?

28 de febrero

¡La riqueza empieza con un pensamiento!

La cantidad sólo está limitada por la persona en cuya mente se pone en marcha el pensamiento. ¡La fe elimina las limitaciones! Es aconsejable recordar esto cuando uno esté preparado para negociar con la vida cualquier precio que le pida a cambio de lo que quiere.

Cabe recordar, también, que el hombre que creó la Unites States Steel Corporation era prácticamente un desconocido en aquella época. Era simplemente el «criado fiel» de Andrew Carnegie hasta que dio a luz su famosa IDEA. Después de eso, ascendió rápidamente a una posición de poder, fama y riquezas.

La mente no tiene limitaciones a excepción de aquellas que *admitimos*.

Tanto la *pobreza* como la *riqueza* son vástagos del pensamiento.

Marzo

El tercer paso hacia las riquezas

AUTOSUGESTIÓN

1 de marzo

La *autosugestión* es un término que abarca todas las sugestiones y estímulos administrados a uno mismo que alcanzan la propia mente a través de los cinco sentidos. En otras palabras, la autosugestión es sugestión hacia uno mismo. Es el agente de comunicación entre la parte de la mente donde tienen lugar los pensamientos conscientes y la que sirve de asiento para la acción del subconsciente.

A través de los pensamientos dominantes que uno *permite* que estén en la mente consciente (tanto si son positivos como negativos), el principio de autosugestión alcanza voluntariamente el subconsciente y lo influye con estos pensamientos.

2 de marzo

Ningún pensamiento, ya sea positivo o negativo, puede acceder al subconsciente sin ayuda del principio de la autosugestión, con la excepción de los pensamientos adquiridos del éter.

Dicho de otro modo, la mente consciente detiene todos los estímulos sensoriales que se perciben a través de los cinco sentidos y, o bien los trasmite al subconsciente, o bien los desecha a voluntad. La facultad consciente sirve, por lo tanto, como un guardián externo de la aproximación al subconsciente.

3 de marzo

La naturaleza ha creado al hombre de tal manera que éste tiene el control absoluto del material que alcanza su subconsciente, a través de los cinco sentidos, aunque esto no significa que el hombre siempre ejerza este control. En la gran mayoría de los casos no lo ejerce, lo que explica por qué tantas personas viven en la pobreza.

4 de marzo

La mente subconsciente se asemeja a un jardín fértil en el que las malas hierbas crecerán abundantemente si no se siembran las semillas de una planta más deseable. La autosugestión es el agente de control a través del cual un individuo puede alimentar a voluntad su subconsciente con pensamientos de naturaleza creativa o, por un descuido, permitir que los pensamientos de naturaleza destructiva se abran paso en este rico jardín de la mente.

5 de marzo

El lector ha aprendido que debe leer en voz alta dos veces al día la declaración escrita de su deseo de dinero y verse y sentirse ya en posesión de él. Si sigue estas instrucciones, comunicará el objeto de su deseo directamente a su subconsciente en espíritu de absoluta fe. Mediante la repetición de este procedimiento, uno crea voluntariamente hábitos de pensamiento que favorecen sus esfuerzos de convertir el deseo en su equivalente económico.

6 de marzo

Cuando leamos en voz alta la declaración de nuestro deseo (a través del que estamos tratando de desarrollar «conciencia del dinero»), la simple lectura de las palabras no tiene consecuencias a menos que la combinemos con emociones o sentimientos. Su subconsciente únicamente reconoce y actúa sobre pensamientos que se han mezclado bien con emociones o sentimientos. Ésta es la principal razón por la que la mayoría de las personas que intentan aplicar el principio de autosugestión no obtienen los resultados deseados. Las palabras simples y desapasionadas no influyen en el subconsciente. Uno no logrará resultados apreciables hasta que aprenda a alcanzar a su subconsciente con pensamientos o palabras orales que se hayan cargado emocionalmente con convicción.

7 de marzo

No hay que perder el entusiasmo si uno no puede controlar ni dirigir sus emociones la primera vez que lo intenta. Cabe recordar que no existe la posibilidad de algo a cambio de nada. La habilidad de alcanzar e influir en el subconsciente tiene su precio, y uno debe pagarlo. No puede hacer trampas por mucho que lo desee. El precio por la habilidad de influir en el subconsciente es la continua persistencia en aplicar los principios descritos aquí. Uno no puede desarrollar la habilidad deseada por menos precio. Usted, y sólo usted, debe decidir si la recompensa que ansía (la «conciencia del dinero») merece la pena por el precio que debe pagar en forma de esfuerzo.

8 de marzo

La sabiduría y el «ingenio» por sí solos no atraen ni retienen el dinero salvo en algunos casos muy raros en los que la ley de la probabilidad favorece la atracción de dinero a través de estas fuentes. El método no tiene favoritos. Funciona para una persona con la misma eficacia que para otra. Cuando se experimenta un fracaso, es el individuo el que ha fracasado, *no el método*. Si uno lo intenta y fracasa, debe hacer otro esfuerzo, y otro más, hasta triunfar.

9 de marzo

Resultará necesario utilizar el principio de la concentración. Cuando el lector empiece a ejecutar el primero de los seis pasos, el que instruye a «determinar en su propia mente la cantidad exacta de dinero que desea», debe fijar sus pensamientos en esa cantidad de dinero con concentración o mantener la atención en ello, con los ojos cerrados, hasta que vea realmente la apariencia física del dinero. Debe hacerlo al menos una vez al día.

10 de marzo

La capacidad de uno para utilizar el principio de autosugestión depende, en gran medida, de su capacidad para concentrarse en un deseo dado hasta que ese deseo se convierte en una ardiente obsesión.

Cuando el lector empiece a ejecutar el primero de los seis pasos, el que instruye a «determinar en su propia mente la cantidad exacta de dinero que desea», debe fijar sus pensamientos en esa cantidad de dinero con concentración o mantener la atención en ello, con los ojos cerrados, hasta que vea realmente la apariencia física del dinero. Debe hacerlo al menos una vez al día. A medida que haga estos ejercicios, debe seguir las instrucciones que se hallan en el capítulo sobre la fe y verse realmente en posesión del dinero.

11 de marzo

Aquí se halla un hecho muy importante: el subconsciente asume cualquier orden que le den con un espíritu de absoluta fe y actúa conforme a estas órdenes, a pesar de que a veces tengan que presentarse *una y otra vez*, a través de la repetición, para que el subconsciente las interprete. Respecto a esta afirmación, considere la posibilidad de hacerle un «truco» perfectamente legítimo a su subconsciente haciéndole creer, *porque así lo cree*, que debe tener la cantidad de dinero que está visualizando, que este dinero ya está esperando a que lo reclame y que el subconsciente debe entregarle planes prácticos para adquirir un dinero que es suyo.

12 de marzo

Trasfiera el pensamiento propuesto en el día anterior a su imaginación, y verá lo que ésta puede, o podrá hacer, a fin de crear planes prácticos para acumular dinero a través de la conversión de su deseo.

Empiece de inmediato a verse en posesión del dinero, exigiendo y esperando entretanto que su subconsciente le entregue el plan o los planes que necesita. Permanezca alerta para que cuando surjan los planes los pueda llevar a la acción inmediatamente. Cuando aparezcan los planes probablemente «destellen» en su mente a través del sexto sentido en forma de una «inspiración». Esta inspiración puede considerarse un «telegrama» directo o mensaje de la Inteligencia Infinita. Trátelo con respeto y actúe conforme a él tan pronto como lo reciba. No hacerlo será fatídico para su éxito.

13 de marzo

En el cuarto de los seis pasos (*véase* págs. 11 y 12), se ha enseñado al lector a «crear un plan definido para llevar a cabo su deseo y empezar de inmediato a poner en marcha este plan». El lector debería seguir esta instrucción de la manera descrita en el día anterior (*12 de marzo*). No confíe en su «razón» cuando cree un plan para acumular dinero a través de la conversión del deseo. Sus razonamientos son erróneos. Es más, su facultad de razonamiento puede ser vaga y, si depende completamente de ella, puede decepcionarse.

Cuando visualice el dinero que pretende acumular (con los ojos cerrados), *véase dando el servicio o entregando la mercancía que quiere dar a cambio de ese dinero. ¡Esto es importante!*

14 de marzo

Para lograr resultados satisfactorios, debe seguir todas las instrucciones con un espíritu de fe. Si decide seguir una parte de las instrucciones pero descuida o descarta seguir otras, *¡fracasará!*

15 de marzo

No se puede hablar de iniciativa con los demás sin haber desarrollado el deseo de practicarla uno mismo. Mediante el funcionamiento del principio de la autosugestión, cada afirmación que uno dirija a los demás deja su huella en el propio subconsciente, y esto se aplica tanto si nuestras afirmaciones son verdaderas como si son falsas.

A menudo el lector ha oído el dicho: «El que a hierro mata a hierro muere».

Correctamente interpretado, esto significa simplemente que estamos atrayendo continuamente hacia nosotros e incorporando en nuestro propio carácter y personalidad aquellas cualidades que nuestra influencia está ayudando a crear en los demás. Si ayudamos a otros a desarrollar el hábito de la iniciativa, nosotros, a su vez, desarrollaremos el mismo hábito. Si sembramos las semillas del odio, la envidia y el desánimo en los demás, nosotros, a su vez, desarrollaremos esas cualidades en nosotros mismos.

16 de marzo

Cuando la mente de uno está vibrando a una gran velocidad porque ha sido estimulada por el entusiasmo, esa vibración se registra en las mentes de todos los que están dentro de su radio, y especialmente en las de aquellos con los que entramos en un contacto cercano. Cuando un orador «percibe» que su público está «en sintonía» con él, simplemente reconoce el hecho de que su propio entusiasmo ha influido en las mentes de sus oyentes hasta hacer que éstas vibren en armonía con la suya.

Cuando un vendedor «percibe» el hecho de que ha llegado el momento «psicológico» para cerrar una venta, simplemente siente el efecto de su propio entusiasmo mientras éste influye en la mente de su potencial comprador y la coloca «en sintonía» (en armonía) con la suya.

17 de marzo

Ser escépticos respecto a todas las ideas nuevas es característico de todos los seres humanos. Pero, si el lector sigue las instrucciones esbozadas en *Piense y hágase rico,* pronto remplazará su escepticismo por creencia, y ésta, a su vez, pronto se cristalizará en absoluta fe. Entonces, habrá logrado el punto donde verdaderamente pueda decir: «¡Soy el dueño de mi destino, soy el capitán de mi alma!».

18 de marzo

Muchos filósofos han afirmado que el ser humano es el dueño de su propio destino *terrenal*, pero la mayoría de ellos han omitido decir *por qué* lo es. El motivo por el que el ser humano puede convertirse en dueño de sí mismo y de su entorno se debe a que tiene la virtud de influir en su propio subconsciente y, a través de él, de lograr la cooperación de la Inteligencia Infinita.

19 de marzo

La verdadera conversión del deseo en dinero implica el uso de la autosugestión como una herramienta a través de la cual uno puede alcanzar e influir en el subconsciente. Los demás principios son simplemente herramientas que permiten aplicar la autosugestión. Tenga presente esta idea y así, en todo momento, será consciente del importante papel que juega el principio de la autosugestión en sus esfuerzos por acumular dinero a través de los métodos descritos en este libro.

Lleve a cabo estas instrucciones como si fuera un niño. Inyecte en sus esfuerzos la fe de un niño. He sido muy precavido de no incluir instrucciones poco prácticas porque verdaderamente deseo ser de ayuda para el lector.

20 de marzo

Las vibraciones de miedo pasan de una mente a otra con la misma rapidez y exactitud —y por el mismo medio— que la voz humana de una emisora a un aparato de radio.

La telepatía es una realidad. Los pensamientos pasan de una mente a otra voluntariamente, al margen de que lo reconozca o no la persona que los libera o la persona que los capta.

21 de marzo

La persona que expresa con palabras los pensamientos negativos o destructivos experimentará los resultados de estas palabras en forma de un «contragolpe» destructivo. La liberación de impulsos del pensamiento destructivo, por sí sola, sin ayuda de palabras, también provoca un «contragolpe» de varias formas. La primera de todas, y quizás la más importante que deba recordarse, es que la persona que libera pensamientos de naturaleza destructiva sufre el daño de la ruptura de la facultad de la imaginación creativa. En segundo lugar, la presencia de cualquier emoción negativa en la mente desarrolla una personalidad negativa que repele a las personas y, con frecuencia, las convierte en antagonistas. La tercera fuente de perjuicios para la persona que hospeda o libera pensamientos negativos yace en este importante hecho: estos impulsos del pensamiento no sólo dañan a los demás, sino que también se asientan en el subconsciente de la persona que los está liberando y allí pasan a formar parte de su carácter.

22 de marzo

Uno nunca termina con un pensamiento simplemente liberándolo. Cuando uno suelta un pensamiento, éste se expande en cualquier dirección, a través del éter, pero también se implanta de manera permanente en el subconsciente de la persona que lo está emitiendo.

El negocio del lector es, supuestamente, alcanzar el éxito. Para tener éxito debe hallar tranquilidad, adquirir las necesidades materiales de la vida y, sobre todo, lograr felicidad. Todas estas pruebas del éxito empiezan en forma de impulsos de pensamiento.

23 de marzo

Uno puede controlar su propia mente, porque tiene el poder de alimentarla con cualquier impulso del pensamiento que elija. Este privilegio también supone la responsabilidad de usarlo de forma constructiva. El lector es el maestro de su propio destino terrenal, y eso es tan cierto como que tiene el poder de controlar sus propios pensamientos. Puede influir, dirigir y eventualmente controlar su propio entorno y hacer que su vida sea lo que desee, o puede desaprovechar un privilegio que es suyo y hacer que su vida esté a las órdenes de los demás, arrojándose así al ancho océano de la «circunstancia» donde será lanzado de un lado a otro como una astilla en las olas de un océano.

24 de marzo

El principio psicológico mediante el cual uno puede grabar su objetivo principal definido en el subconsciente se denomina autosugestión, o sugestión que uno se hace repetidamente a sí mismo. Éste es un grado de autohipnosis, pero uno no debe tener miedo en este sentido, pues este principio es el mismo que ayudó a Napoleón a salir de una situación de pobreza en Córcega y llegar a la dictadura de Francia. Fue con la ayuda de este mismo principio como Thomas A. Edison ascendió desde sus modestos inicios como vendedor de periódicos hasta una posición en la que es reconocido como uno de los principales inventores del mundo. No es necesario tenerle ningún miedo al principio de la autosugestión, siempre y cuando uno se asegure de estar luchando por un objetivo que le proporcionará una felicidad duradera. Uno debe asegurarse de que su propósito definido sea constructivo, de que su realización no causará problemas o infelicidad a nadie, de que le aportará paz y prosperidad, y luego debemos aplicar el principio de autosugestión, en la medida de nuestra comprensión, para alcanzar rápidamente nuestro objetivo.

25 de marzo

El subconsciente se puede comparar con un imán, y cuando se ha cargado y llenado completamente con cualquier objetivo definido, tiene una marcada tendencia a atraer todo lo que sea necesario para la realización del mismo. Los iguales se atraen, y se puede ver la prueba de esta ley en cada brizna de hierba y en cada árbol que crece. La bellota atrae de la tierra y el aire las sustancias necesarias para convertirse en un roble. Jamás produce un árbol que es en parte roble y en parte álamo.

Los seres humanos también están sujetos a la ley de la atracción. Si uno entra en cualquier pensión barata de barrio, verá que las personas que tienen la misma inclinación mental general se relacionan entre ellas. Por otro lado, si uno entra en cualquier comunidad próspera, encontrará personas de la misma tendencia general que se relacionan entre ellas. La gente que tiene éxito siempre busca la compañía de otras personas de éxito, mientras que las que se encuentran en el lado mísero de la vida siempre buscan la compañía de quienes están en circunstancias similares: «a la desdicha le encanta tener compañía».

26 de marzo

Uno atraerá a personas que armonicen con su propia filosofía de la vida, tanto si lo desea como si no. Siendo esto cierto, ¿acaso no vemos la importancia de vitalizar nuestra mente con un claro objetivo principal que atraerá hacia nosotros a personas que serán una ayuda y no un obstáculo? Supongamos que nuestro objetivo principal está muy por encima del lugar que ocupamos actualmente en la vida. ¿Y qué? Es nuestro privilegio o, mejor dicho, nuestro DEBER, aspirar a lo más alto en la vida. Uno se debe a sí mismo y a su comunidad poner el listón muy alto.

Existen muchas evidencias que justifican la creencia de que no hay nada, dentro de lo razonable, que no pueda conseguir la persona cuyo claro objetivo principal esté bien desarrollado.

27 de marzo

Ningún entorno indeseable es lo bastante fuerte para retener a un hombre o una mujer que sabe cómo aplicar el principio de autosugestión en la creación de un objetivo principal definido. Tal persona puede liberarse de las cadenas de la pobreza, destruir los gérmenes de la enfermedad más mortífera, elevarse desde una baja posición social en la vida para obtener poder y abundancia. Todos los grandes líderes basan su liderazgo en un objetivo principal definido. Los seguidores siguen de buena gana a un líder cuando saben que éste es una persona con un objetivo principal definido que tiene el valor de respaldar ese propósito con la acción. Incluso un mal caballo sabe cuándo un jinete con un objetivo principal definido toma las riendas, y se somete a él. Cuando una persona con un objetivo principal definido se abre paso entre una multitud, el mundo se hace a un lado y le deja pasar, pero si una persona vacila y muestra con sus actos que no está seguro de qué camino desea seguir, la multitud le pisará los pies y se negará a moverse ni un centímetro.

28 de marzo

La ciencia ha establecido, más allá de toda duda, que por el principio de la autosugestión, cualquier deseo profundamente arraigado satura todo el cuerpo y la mente con la naturaleza del deseo y, literalmente, convierte la mente en un poderoso imán que atraerá a su objeto, si está dentro de lo razonable. Por ejemplo, el mero hecho de desear un automóvil no hará que éste llegue rodando, pero si hay un ardiente deseo de tenerlo, le conducirá a la acción adecuada, a través de la cual podrá pagarlo.

El mero hecho de desear la libertad nunca liberaría a un hombre que ha sido encarcelado si no es lo bastante fuerte como para impulsarlo a hacer algo que le haga merecedor de aquélla. Éstos son los pasos que van desde el deseo hasta la realización: primero, el deseo ardiente, luego la cristalización de dicho deseo en un propósito claro y, a continuación, la acción adecuada suficiente para alcanzar dicho propósito. Recuerde que estos tres pasos siempre son necesarios para asegurarse el éxito.

29 de marzo

No tener necesidad de luchar no sólo produce la debilitación de la ambición y de la fuerza de voluntad, sino que, además, instala en la mente de la persona un estado de letargo que conduce a la pérdida de la seguridad en sí misma, lo cual es aún más peligroso. La persona que deja de luchar porque el esfuerzo ya no es necesario está aplicando, literalmente, el principio de autosugestión para minar el poder de su propia seguridad en sí misma. Al final, acabará cayendo en un estado mental en el que realmente verá con mayor o menor desprecio a la persona que está obligada a seguir adelante.

La mente humana, si se me perdona la insistencia, puede compararse a una batería eléctrica: puede ser positiva o negativa. La seguridad en uno mismo es la cualidad con la que la mente se recarga y se vuelve positiva.

30 de marzo

El lector ha aprendido que cualquier idea que fije con firmeza en su subconsciente mediante la repetición de una afirmación se convierte automáticamente en un plan o anteproyecto que utiliza un poder invisible para dirigir sus esfuerzos hacia la consecución del objetivo mencionado en el plan.

También ha aprendido que el principio a través del cual uno puede fijar en su mente cualquier idea que elija se denomina «autosugestión», lo cual quiere decir, simplemente, una sugestión que uno le da a su propia mente. Éste era el principio de autosugestión en el que Emerson estaba pensando cuando escribió: «Nada puede proporcionarte la paz, ¡excepto tú mismo!».

Sería bueno que el lector también recordara que nada puede proporcionarle el éxito, excepto uno mismo. Ciertamente, necesitará la cooperación de otras personas si aspira a conseguir un éxito de gran alcance, pero nunca obtendrá esa cooperación a menos que vitalice su mente con la actitud positiva de la seguridad en uno mismo.

31 de marzo

El hábito surge del entorno, de hacer lo mismo, de pensar lo mismo, o bien de repetir las mismas palabras una y otra vez. Un hábito podría compararse con la ranura en un disco de fonógrafo, mientras que la mente humana podría compararse con la aguja que encaja en dicha ranura.

Cuando un hábito se ha formado bien mediante la repetición del pensamiento o la acción, la mente tiende a adherirse a él y a seguir su curso de una forma tan cercana como la aguja del fonógrafo sigue la ranura en el disco.

El hábito se crea al dirigir repetidamente uno de los cinco sentidos de la vista, el oído, el olfato, el tacto y el gusto, o más de uno, en una dirección dada.

Abril

El cuarto paso hacia las riquezas

CONOCIMIENTOS ESPECIALIZADOS

1 de abril

Existen dos clases de conocimiento: el conocimiento general y el conocimiento especializado. Tener una gran variedad o cantidad de conocimiento general apenas sirve para acumular dinero. El conocimiento no aporta dinero a menos que esté organizado y dirigido con ingenio, por medio de planes de acción prácticos, a un fin definido para acumular dinero. El desconocimiento de esta realidad ha sido el origen de la confusión de millones de personas que erróneamente creen que «el conocimiento es poder». ¡No es nada similar! El conocimiento sólo es un *posible* poder. Únicamente adquiere poder cuando se organiza en planes de acción definidos y se dirige a un fin determinado.

2 de abril

Una persona con educación no es, necesariamente, una persona que tenga un conocimiento general o especializado abundante. Una persona culta es una persona que ha desarrollado las facultades de su mente de tal modo que puede adquirir cualquier cosa que desee, o su equivalente, sin violar los derechos de los demás.

3 de abril

Antes de que el lector pueda estar seguro de su capacidad para convertir un deseo en su equivalente económico, necesita un conocimiento especializado del servicio, la mercancía o la profesión que quiere ofrecer a cambio del dinero. Tal vez requiera mucho más conocimiento especializado del que su capacidad o predisposición le permitan adquirir, y si esto es así, debe superar sus debilidades con la ayuda de su Equipo Maestro.

4 de abril

Los hombres a veces pasan por la vida sufriendo complejos de inferioridad, porque no son hombres de «educación». El hombre que puede organizar y dirigir un grupo de mente maestra formado por hombres que poseen conocimientos útiles para la acumulación de dinero es tanto un hombre de la educación como un hombre en el grupo. Recuerde esto si usted sufre de un sentimiento de inferioridad porque su educación ha sido limitada.

5 de abril

¡El conocimiento especializado es uno de los servicios más abundantes y económicos que podemos tener!

Ante todo, uno primero debe decidir qué tipo de conocimiento especializado necesita y el objetivo para el que lo requiere. Su principal objetivo en la vida o la meta por la que está esforzándose le ayudarán en gran medida a determinar el conocimiento que necesita. Una vez se sabe esto, el siguiente paso consiste en tener información precisa de las fuentes de conocimiento fiables. Las más importantes son:

a. Las experiencias y la educación de cada uno.

b. Experiencias y educación disponibles a través de la cooperación de los demás (Equipo Maestro).

c. Escuelas técnicas y universidades.

d. Bibliotecas públicas (libros y publicaciones periódicas en los que se puede encontrar todo el conocimiento elaborado por la civilización).

e. Cursos especiales de formación (principalmente academias nocturnas y academias por correspondencia).

6 de abril

A medida que se adquieren conocimientos, éstos deben organizarse y utilizarse para un objetivo definido y a través de planes prácticos. El único conocimiento que tiene valor es aquel que se obtiene de su aplicación hacia algún fin loable. Ésta es una de las razones por las que los grados universitarios no se valoran más, ya que no representan sino conocimientos misceláneos.

Si el lector está considerando la posibilidad de cursar estudios adicionales, primero debe determinar el objetivo para el que quiere ese conocimiento y luego buscar dónde puede obtener ese tipo de conocimiento de fuentes fiables.

7 de abril

Las personas triunfadoras de cualquier vocación nunca dejan de adquirir conocimientos especializados relacionados con su principal objetivo, negocio o profesión. Aquellas que no tienen éxito normalmente cometen el error de creer que el período de adquisición termina cuando concluye la escuela.

Lo cierto es que la escolarización no hace sino mostrarnos el camino del aprendizaje de cómo adquirir conocimientos prácticos.

8 de abril

Generalmente, todo lo que se adquiere sin esfuerzo y sin coste se valora poco y, normalmente, se desprestigia; quizás por eso apenas logramos resultados de nuestra maravillosa oportunidad en la escuela pública. La autodisciplina que uno adquiere en un programa definido de estudios especializados compensa hasta cierto punto la oportunidad desaprovechada de cuando teníamos el conocimiento disponible sin coste alguno.

9 de abril

Hay personas que tienen una debilidad para la cual no existe remedio. Se trata de la flaqueza universal llamada falta de ambición. Algunas personas, especialmente las asalariadas que organizan su tiempo libre para poder estudiar en casa, raras veces permanecen durante mucho tiempo en los puestos inferiores. Sus acciones les posibilitan abrirse paso para poder ascender, eliminan muchos obstáculos de su camino y les permiten ganarse el interés de aquellos que tienen el poder de ofrecerles el sendero de la oportunidad.

El método de aprender desde casa se adecúa especialmente a las necesidades de individuos contratados que descubren, tras haber abandonado la escuela, que deben adquirir un conocimiento especializado adicional, pero que no tienen el tiempo suficiente para volver a asistir a la escuela.

10 de abril

Cuando un comerciante se encuentra con que cierto tipo de producto no se está vendiendo, normalmente lo sustituye por otro que tenga más demanda. Las personas que comercializan servicios personales también deben ser comerciantes eficientes. Si sus servicios no proporcionan los ingresos adecuados en una ocupación, debe cambiarse a otra en la que haya más oportunidades.

11 de abril

La persona que deja de estudiar simplemente porque ha terminado la escuela está inevitablemente destinada para siempre a la mediocridad, sea cual sea su vocación. El camino del éxito es el camino de la continua búsqueda de conocimiento.

12 de abril

La idea de empezar desde los puestos inferiores y forjarse el propio camino para ascender puede parecer razonable, pero la principal objeción que se le puede hacer es que son demasiadas las personas que empiezan desde abajo y que nunca logran asomar lo suficiente el rostro para que la oportunidad las vea, de modo que permanecen siempre en los mismos puestos. También cabe recordar que la perspectiva que uno observa desde abajo no es tan brillante ni alentadora. Tiende a terminar con la ambición. Lo llamamos «caer en la rutina», que significa que aceptamos nuestro destino porque nos formamos el hábito de tener una rutina cotidiana, un hábito que finalmente llega a estar tan arraigado que dejamos de intentar deshacernos de él. Por eso también vale la pena empezar uno o dos pasos por encima, ya que de este modo uno se forma el hábito de mirar a su alrededor, de observar cómo progresan los demás, de ver la oportunidad y de aprovechar sin titubear.

13 de abril

Uno de los principales aspectos que estoy tratando de subrayar con toda esta filosofía es que ascendemos a mejores puestos o permanecemos en lo más bajo debido a condiciones que podemos controlar si así lo deseamos. Estar abajo es estar en un lugar monótono, lúgubre y poco lucrativo para cualquier persona.

También estoy tratando de destacar otro aspecto: que tanto el éxito como el fracaso son, en gran parte, el resultado de hábitos.

14 de abril

¡Las ideas más acertadas no tienen un precio fijo!

Tras todas estas ideas hay un conocimiento especializado. Desafortunadamente, para aquellos que no hallan la riqueza en abundancia, el conocimiento especializado es más abundante y se adquiere más fácilmente que las ideas. Por eso cada vez hay más demanda universal y más oportunidades para aquellas personas capaces de ayudar a los hombres y las mujeres a vender sus servicios personales a cambio de más beneficios. Capacidad significa imaginación, la única cualidad necesaria para combinar el conocimiento especializado con ideas, y así formar planes organizados ideados para proporcionar riquezas.

15 de abril

Una forma muy corriente y sumamente destructiva de falta de autocontrol es el hábito de hablar demasiado. La gente sabia, que sabe lo que quiere y está dedicada a conseguirlo, vigila cuidadosamente su conversación. No se puede obtener ningún beneficio de un montón de palabras gratuitas, incontroladas y dichas a la ligera.

Casi siempre, suele ser más provechoso escuchar que hablar. De vez en cuando, es posible que la persona que sepa escuchar oiga algo que luego podrá añadir a su colección de conocimientos. Es necesario tener autocontrol para saber escuchar, pero los beneficios obtenidos bien valen el esfuerzo.

«Robarle la conversación a otra persona» es una forma habitual de falta de autocontrol que no sólo es descortés, sino que además priva a quienes lo hacen de muchas oportunidades valiosas de aprender de los demás.

16 de abril

La vida misma es una carrera de carros, y la victoria sólo le llega a quienes han desarrollado la fuerza de carácter, la determinación y el poder de voluntad para ganar. Lo que importa es que desarrollemos esta fuerza a través del cruel confinamiento en los remos de la galera, siempre y cuando la utilicemos para que nos traiga, finalmente, la victoria y la libertad.

Es una ley invariable que la fuerza surge de la resistencia. Si sentimos lástima del pobre herrero que manipula un martillo de más de dos kilos durante todo el día, también debemos admirar el maravilloso brazo que desarrolla al hacerlo.

«Debido a la constitución dual de todas las cosas, en el trabajo como en la vida, no puede haber ningún engaño» –dice Emerson–. «El ladrón se roba a sí mismo. El timador se tima a sí mismo. Porque el verdadero precio del trabajo es el conocimiento y la virtud, de los que la riqueza y el reconocimiento son señales. Las señales, al igual que el dinero, pueden ser falsificadas o robadas, pero aquello que representan –a saber, el conocimiento y la virtud– no pueden ser falsificados ni robados».

17 de abril

Al buscar datos, a menudo debemos reunirlos a través de una única fuente: el conocimiento y la experiencia de otras personas. Entonces, se hace necesario examinar detenidamente tanto las pruebas presentadas como el individuo que las presenta, y cuando las pruebas son de una naturaleza tal que afectan a los intereses del testigo que las está proporcionando, tendremos un motivo para examinarlas con mayor cuidado, pues, a menudo, dicho testigo cae en la tentación de colorearlas y tergiversarlas para proteger sus intereses.

18 de abril

Si una persona difama a otra, sus comentarios deberían ser aceptados, si es que tienen algún peso, con al menos un gramo de la proverbial cautela, pues es una tendencia humana corriente que la persona no encuentre más que el mal en aquellos que no le agradan. La persona que ha alcanzado un grado de pensamiento correcto que le permite hablar de su enemigo sin exagerar sus faltas ni minimizar sus virtudes es la excepción, y no la regla.

Algunas personas muy capaces todavía no se han alzado por encima de este hábito vulgar y autodestructivo de despreciar a sus enemigos, a sus competidores y a sus contemporáneos. Deseo llevar esta tendencia corriente a su atención con todo el énfasis posible porque es fatal para un pensamiento correcto.

19 de abril

Me gustaría dirigir de nuevo la atención del lector hacia cuatro importantes factores, con la petición de que se familiarice con ellos. Éstos son: la Autosugestión, el Subconsciente, el Pensamiento Creativo y la Inteligencia Infinita.

Éstos son los cuatro caminos por los que uno debe viajar en su ascenso en busca del conocimiento. Observemos que somos nosotros quienes controlamos a tres de ellos. Observemos, también (y esto es especialmente importante) que de la forma en que recorramos estos tres caminos dependerá el momento y el lugar en que convergerán entrando en el cuarto, o Inteligencia Infinita.

20 de abril

Tengamos presente el hecho de que todo éxito se basa en el poder, y que el poder surge del conocimiento que ha sido organizado y expresado en términos de ACCIÓN.

El mundo paga solamente por un tipo de conocimiento, y es el tipo de conocimiento que se expresa en términos de servicio constructivo.

21 de abril

Cuando comencé a buscar conocimientos en una y otra dirección, mi mente empezó a desarrollarse y a ampliarse a una velocidad tan alarmante que, prácticamente, tuve la necesidad de limpiar la «pizarra» de lo que yo consideraba que eran mis conocimientos adquiridos anteriormente, y desaprender gran parte de lo que antes había creído que era la verdad.

¡Intente comprender el significado de lo que acabo de expresar!

22 de abril

La TOLERANCIA le enseñará a evitar los desastrosos efectos de los prejuicios raciales y religiosos que significan una derrota para millones de personas que se permiten enzarzarse en discusiones absurdas sobre estos temas, envenenando así sus propias mentes y cerrando las puertas a la razón y la investigación. Esta lección es la hermana gemela de la que trata sobre el pensamiento correcto, puesto que nadie se convierte en un pensador correcto si no practica la tolerancia. La intolerancia cierra el Libro del Conocimiento y escribe sobre su portada: «¡Fin! ¡Lo he aprendido todo!». La intolerancia convierte en enemigos a aquellos que deberían ser amigos. Destruye las oportunidades y llena la mente de dudas, desconfianza y prejuicios.

23 de abril

Practicar la Regla Dorada le enseñará al lector a hacer uso de esta gran ley universal de la conducta humana de manera tal que podrá conseguir fácilmente la cooperación armoniosa de cualquier persona o grupo de personas. La falta de comprensión de la ley en que se basa la filosofía de la Regla Dorada es una de las principales causas de fracaso de millones de personas que permanecen en la infelicidad, la pobreza y la carencia durante todas sus vidas. Esta lección no tiene absolutamente nada que ver con la religión bajo cualquier forma, ni tampoco con el sectarismo, y lo mismo se aplica a todas las demás lecciones de este curso de las leyes del éxito.

24 de abril

El PODER es uno de los tres objetos básicos de la actividad humana.

Existen dos tipos de PODER: el que se desarrolla mediante la coordinación de leyes físicas naturales y el que se desarrolla organizando y clasificando los conocimientos.

El PODER que emana de unos conocimientos organizados es el más importante, puesto que pone a disposición de la persona una herramienta con la cual puede trasformar, redirigir y, hasta cierto punto, aprovechar y utilizar la otra forma de poder.

El objeto de la lectura de este curso es marcar la ruta por la cual el estudiante puede viajar seguro mientras reúne la información que desea incorporar a su tejido de CONOCIMIENTOS.

Existen dos métodos importantes para reunir conocimientos; esto es, estudiando, clasificando y asimilando datos que han sido organizados por otras personas, y a través de nuestro propio proceso de recopilación, organización y clasificación de datos, generalmente llamado «experiencia personal».

25 de abril

El estado de progreso conocido como «civilización» no es más que la medida de conocimientos que la raza humana ha acumulado. Estos conocimientos son de dos tipos: mentales y físicos. Entre los conocimientos útiles organizados por el ser humano, éste ha descubierto y catalogado los más de cien elementos químicos de los que están compuestas todas las formas materiales del universo. Mediante el estudio, el análisis y unas medidas exactas, el ser humano ha descubierto la «grandeza» del aspecto material del universo, tal como está representado por los planetas, los soles y las estrellas, de algunos de los cuales se sabe que son más de diez millones de veces más grandes que el pequeño planeta en el que él vive.

Por otro lado, el ser humano ha descubierto la «pequeñez» de las formas físicas que constituyen el universo mediante la reducción de los poco más de cien elementos químicos a moléculas, átomos y, finalmente, a la partícula más pequeña: el electrón. Un electrón no puede verse; es apenas un centro de fuerza positivo o negativo. El electrón es el principio de todo aquello que tiene una naturaleza física.

26 de abril

Para comprender tanto el detalle como la perspectiva del proceso mediante el cual los conocimientos son reunidos, organizados y clasificados, me parece esencial que el estudiante empiece por las partículas más pequeñas y simples de la materia, puesto que son el abecé con el que la naturaleza ha construido la totalidad del marco de la parte física del universo.

La molécula está formada por átomos, de los cuales se dice que son pequeñas partículas invisibles que giran continuamente a la velocidad del rayo, basándose exactamente en el mismo principio que hace girar a la Tierra alrededor del Sol. Se dice que estos átomos, que giran en un circuito continuo en la molécula, están hechos de electrones, que son las partículas más pequeñas. El electrón es uniforme, así pues, en un grano de arena o una gota de agua se reproduce el principio sobre cuya base opera todo el universo.

¡Qué maravilloso! ¡Qué estupendo! Puedes hacerte una ligera idea de la magnitud de todo esto la próxima vez que ingieras una comida, recordando que cada alimento que ingieres, el plato del que comes, los utensilios y la propia mesa, en última instancia, no son más que una colección de ELECTRONES.

27 de abril

Al hablar de la fuente de su gran almacén de conocimientos, Thomas Paine la describió así:

Cualquier persona que haya hecho observaciones sobre el estado de desarrollo de la mente humana mediante la observación de sí mismo, sólo puede haber constatado que hay dos tipos definidos de eso que llamamos pensamientos: los que producimos en nosotros mismos a través de la reflexión y el acto de pensar, y los que llegan a la mente de forma espontánea. Siempre he seguido la regla de tratar a estos visitantes voluntarios con cortesía, cuidando de examinar, de la mejor manera posible, si valía la pena albergarlos; y de ellos he adquirido prácticamente todos los conocimientos que tengo. En cuanto al aprendizaje que cualquier persona obtiene de la educación escolar, éste sirve únicamente como un pequeño capital, para encaminarla a que inicie un aprendizaje por sí misma posteriormente. Toda persona erudita es, finalmente, su propia maestra, y la razón de esto es que los principios no pueden grabarse en la memoria; su lugar de residencia mental es la comprensión, y nunca son tan duraderos como cuando se inician por concepción.

28 de abril

La mayoría de los conocimientos útiles que la raza humana ha heredado han sido preservados y registrados con precisión en la Biblia de la naturaleza. Al repasar las páginas de esta Biblia inalterable, el ser humano ha leído la historia de la magnífica lucha a partir de la cual se ha desarrollado la actual civilización. Las páginas de esta Biblia están hechas de los elementos físicos de los que se compone esta Tierra y los demás planetas, y del éter que llena todo el espacio.

Al repasar las páginas escritas en piedra y cubiertas cerca de la superficie de esta Tierra en la que vive, el ser humano ha descubierto los huesos, los esqueletos, las huellas y otras pruebas inequívocas de la historia de la vida animal, colocadas ahí para iluminarlo y guiarlo de la mano de la madre naturaleza a través de unos períodos de tiempo increíbles. Las pruebas son sencillas e inequívocas. Las grandes páginas de piedra de la Biblia de la naturaleza que se encuentra en esta Tierra y las interminables páginas de dicha Biblia representada por el éter en la que todos los pensamientos humanos del pasado han sido grabados, constituyen una auténtica fuente de comunicación entre el Creador y el ser humano. Esta Biblia se inició antes de que el hombre hubiera llegado a la etapa del pensamiento; de hecho, fue antes de que alcanzara el estado de desarrollo de la ameba (animal unicelular).

29 de abril

Toda mente o todo cerebro está directamente conectado con todos los demás cerebros por medio del éter. Todo pensamiento emitido por cualquier cerebro puede ser captado instantáneamente e interpretado por todos aquellos que estén «en buena relación con» el cerebro emisor. Este autor está tan seguro de esto como de que la fórmula H_2O producirá agua. Imagine, si puede, el papel que desempeña este principio en todos los ámbitos de la vida.

30 de abril

Debe recordar que la idea es lo principal. El conocimiento especializado se puede encontrar a la vuelta de la esquina, ¡de cualquier esquina!

Mayo

El quinto paso hacia las riquezas

IMAGINACIÓN

1 de mayo

La imaginación es, literalmente, el taller en donde se plasman todos los planes creados por el hombre. Se da forma, perfil y acción al impulso, al deseo, con la ayuda de la facultad imaginativa de la mente.

Se dice que el ser humano puede crear cualquier cosa que pueda imaginarse.

2 de mayo

Con ayuda de esta facultad imaginativa, el ser humano ha descubierto y dominado más fuerzas de la naturaleza durante los últimos cincuenta años que durante la historia entera de la raza humana previa a este período.

La única limitación del ser humano, en su facultad de razonamiento, se halla en el desarrollo y el uso que hace de su imaginación. Todavía no ha alcanzado la cúspide del desarrollo en el uso de su facultad imaginativa. Únicamente ha descubierto que tiene imaginación, y ha comenzado a utilizarla de una forma muy elemental.

3 de mayo

La facultad imaginativa funciona de dos formas distintas. Una se denomina «imaginación sintética» y la otra «imaginación creativa».

Imaginación sintética: a través de esta facultad, uno puede organizar antiguos conceptos, ideas o planes en nuevas combinaciones. Esta facultad no crea nada. Únicamente funciona con el material de la experiencia, la educación y la observación con que se alimenta. Es la facultad que más utiliza un inventor, a excepción del «genio» que recurre a la imaginación creativa cuando no puede resolver su problema con la imaginación sintética.

4 de mayo

Imaginación creativa: a través de la facultad de la imaginación creativa, la mente finita del ser humano tiene una comunicación directa con la Inteligencia Infinita. Es la facultad mediante la que se reciben las «corazonadas» y las «inspiraciones», y por la cual todas las ideas básicas o nuevas se presentan al ser humano. A través de esta facultad se reciben las vibraciones del pensamiento de las mentes de los demás, y un individuo puede «sintonizarse» o comunicarse con el subconsciente del otro.

5 de mayo

La imaginación creativa funciona de manera automática. Esta facultad sólo funciona cuando la mente consciente está vibrando a un ritmo extremadamente rápido como, por ejemplo, cuando recibe la estimulación de la emoción de un deseo poderoso.

La facultad creativa se agudiza y se vuelve más receptiva a las vibraciones de las fuentes mencionadas en proporción al desarrollo que adquiere con el uso. ¡Esta afirmación es importante! Cabe reflexionar sobre ella antes de seguir adelante.

6 de mayo

Los grandes líderes de los negocios, la industria y las finanzas y los grandes artistas, músicos, poetas y escritores han llegado a ser lo que son porque desarrollaron la facultad de la imaginación creativa.

Tanto la imaginación creativa como la sintética se agudizan con el uso, del mismo modo que cualquier músculo u órgano del cuerpo.

7 de mayo

El deseo es sólo un pensamiento, un impulso. Es borroso y efímero. Es abstracto y carece de valor hasta que se trasforma en su homólogo físico. Mientras que la imaginación sintética es un tipo de imaginación que se utilizará con frecuencia en el proceso de trasformar el impulso del deseo en dinero, uno debe tener presente el hecho de que, tal vez, tenga que afrontar circunstancias y situaciones que exijan igualmente el uso de la imaginación creativa.

La facultad imaginativa puede debilitarse con la inactividad y reavivarse y agudizarse con el uso. Esta facultad no desaparece, a pesar de que puede permanecer inactiva por el desuso.

8 de mayo

Centre su atención, por lo pronto, en el desarrollo de la imaginación sintética, ya que es la facultad que usará más a menudo en el proceso de convertir su deseo en dinero. La trasformación del impulso intangible del deseo en una realidad tangible de dinero requiere el uso de uno o varios planes y éstos deben formarse con ayuda de la imaginación, principalmente de la facultad sintética.

Empiece inmediatamente a poner a trabajar su imaginación en la construcción de uno o varios planes para la trasformación de su deseo en dinero. Debe poner por escrito su plan si es que todavía no lo ha hecho. En cuanto haya terminado, indudablemente le habrá dado una forma concreta a su deseo intangible. Lea la frase anterior una vez más. Léala en voz alta, muy despacio, y mientras lo hace, debe recordar que en el momento en que escriba el planteamiento de su deseo y un plan para su realización, en realidad, habrá dado el primero de los pasos que le permitirán convertir su pensamiento en su homólogo físico.

9 de mayo

La Tierra en la que vive el lector, él y todas las demás cosas materiales, son el resultado de un cambio evolutivo a través del cual microscópicas porciones de materia se han organizado y dispuesto de una forma ordenada.

Además, y esta afirmación tiene mucha importancia, esta Tierra, cada una de las miles de millones de células individuales de nuestro cuerpo y cada átomo de materia empezaron siendo una forma de energía intangible.

10 de mayo

¡El deseo es un impulso del pensamiento! Los impulsos del pensamiento son formas de energía. Cuando uno empieza con el impulso del pensamiento o deseo de acumular dinero, está poniendo a su servicio el «material» que la naturaleza empleó para crear este planeta y todas las formas materiales del universo, incluyendo el cuerpo y el cerebro en el que tienen lugar los impulsos del pensamiento.

11 de mayo

Hasta donde la ciencia ha podido determinar, el universo entero consiste únicamente en dos elementos: la materia y la energía. Con la combinación de la energía y la materia se ha creado todo aquello que es perceptible para el ser humano, desde la estrella más grande que flota en los cielos hasta el mismo ser humano.

El lector tiene ahora la tarea de intentar sacar provecho del método de la naturaleza. Está (esperemos que honesta y seriamente) intentando adaptarte a las leyes de la naturaleza, y lo hace esforzándose en convertir un deseo en su equivalente físico o monetario. ¡Puede lograrlo! ¡Otros ya lo han conseguido!

12 de mayo

Uno puede ganar una gran fortuna con ayuda de leyes que son inmutables. Pero, primero, debe familiarizarse con ellas y aprender a utilizarlas. A base de repetir y de aproximarme a la descripción de estos principios desde cada ángulo concebible, espero revelarle el secreto con el que se ha acumulado toda gran fortuna.

13 de mayo

¡Dios parece ponerse al lado del individuo que sabe exactamente lo que quiere si está dispuesto a conseguir precisamente eso!

Si el lector es una de esas personas que creen que el trabajo arduo y la honradez por sí solos traerán riquezas, ¡Dios nos libre! ¡No es cierto! ¡Las riquezas, cuando aparecen en grandes cantidades, nunca son el resultado de un trabajo arduo! Las riquezas aparecen, si lo hacen, en respuesta a demandas definidas, basadas en la aplicación de unos principios definidos, y no por casualidad o suerte.

14 de mayo

Hablando en términos generales, una idea es un impulso del pensamiento que incita a la acción mediante un llamamiento de la imaginación. Todos los vendedores expertos saben que, aun cuando las mercaderías no pueden venderse, las ideas sí. Los vendedores corrientes no lo saben y por eso son «corrientes».

15 de mayo

Millones de personas viven a la espera de «oportunidades» favorables. Quizás un golpe de suerte puede traernos una oportunidad, pero el plan más seguro es aquel que no depende de la suerte. Fue una «casualidad» favorable la que me dio la mejor oportunidad de mi vida, pero tuve que dedicar veinticinco años de esfuerzo determinado para que esa oportunidad se convirtiera en una ventaja.

La «casualidad» consistió en mi buena fortuna de conocer y ganarme la confianza de Andrew Carnegie. En aquella ocasión, Carnegie inculcó en mi mente la idea de organizar los principios del éxito en una filosofía del éxito. Millones de personas se han beneficiado de los descubrimientos hechos en los veinticinco años de investigación, y se han acumulado varias fortunas gracias a la aplicación de esta filosofía. El comienzo fue simple. Fue una idea que cualquier persona podría haber elaborado.

La oportunidad favorable llegó a través de Carnegie, pero ¿qué hay de la determinación, la concreción del objetivo, el deseo de alcanzar la meta y el esfuerzo persistente de veinticinco años? No fue un deseo ordinario el que sobrevivió a las decepciones, el desánimo, las derrotas temporales, las críticas y el constante recordatorio de la «pérdida de tiempo». ¡Fue un deseo imperioso! ¡Una obsesión!

16 de mayo

La primera vez que el señor Carnegie implantó la idea en mi mente, traté de persuadirla, cuidarla y seducirla para que permaneciese viva. Gradualmente la idea se convirtió en un gigante con poder propio que me persuadió, asistió y dirigió a mí. Las ideas son así; primero uno les da vida, acción y orientación, y luego toman sus propias riendas y apartan cualquier resistencia.

17 de mayo

Las ideas son fuerzas intangibles, pero tienen más poder que las mentes de las que nacen. Tienen el poder de seguir viviendo aunque el cerebro que las ha creado se haya convertido en polvo. Por ejemplo, consideremos la fuerza del cristianismo. Empezó siendo una simple idea que nació en la mente de Cristo. Su dogma principal era: «Trata a tus congéneres igual que quisieras ser tratado». Cristo ha regresado al origen del que Él vino, pero su idea sigue en pie. Algún día tal vez crezca y se haga propietaria de sí misma; entonces habrá logrado el deseo más profundo de Cristo. La idea se ha ido desarrollando únicamente durante dos mil años. ¡Démosle tiempo!

18 de mayo

La IMAGINACIÓN estimulará nuestra mente para que podamos concebir nuevas ideas y desarrollar nuevos planes que nos ayudarán a alcanzar el objeto de nuestro objetivo principal definido. Nos enseñará cómo «construir casas nuevas con piedras antiguas», por así decirlo. Nos mostrará cómo crear nuevas ideas a partir de conceptos viejos y conocidos, y a dar nuevos usos a las viejas ideas. Esta lección, por sí sola, equivale a un curso muy práctico de ventas, y sin duda demostrará ser una verdadera mina de oro de conocimientos para la persona seriamente interesada.

19 de mayo

La formación del hábito de ahorrar no significa que uno deba limitar su capacidad de ganar dinero, sino exactamente lo contrario: que aplicará esta ley no sólo para que conserve lo que gana, de forma sistemática, sino para que le coloque en el camino de las grandes oportunidades y le proporcione la visión, la seguridad en sí mismo, la imaginación, el entusiasmo, la iniciativa y el liderazgo necesarios de modo que realmente aumente su capacidad de ganar dinero.

Para explicar esta gran ley de otro modo, digamos que cuando uno realmente comprende la Ley del Hábito puede asegurarse el éxito en el gran juego de ganar dinero «haciendo que los dos extremos de dicho juego vayan hacia el centro».

20 de mayo

Todo líder hace uso de la Ley de un Propósito Claro, la Ley de la Autoconfianza y la Ley de la Iniciativa y el Liderazgo. Y si es un líder destacado y exitoso, hará uso también de las leyes de la imaginación, el entusiasmo, el autocontrol, la personalidad agradable, el pensamiento correcto, la concentración y la tolerancia. Sin el uso combinado de todas estas leyes, nadie puede convertirse en un verdadero gran líder. La omisión de una sola de estas leyes disminuye el poder del líder proporcionalmente.

21 de mayo

El éxito –no importa cuál sea el concepto que se tenga del término– casi siempre es cuestión de la capacidad que uno tenga para conseguir que los demás subordinen sus propias individualidades y sigan a un líder. El líder que cuenta con la personalidad y la imaginación para convencer a sus seguidores de que acepten sus planes y los lleven a cabo fielmente siempre es un líder capaz.

El Liderazgo y la Imaginación están aliados de una forma tan estrecha y esencial para el éxito, que no puede aplicarse provechosamente uno sin el otro. La iniciativa es la fuerza motriz que empuja al líder hacia delante, pero la Imaginación es el espíritu guía que le dice por dónde ir.

22 de mayo

Quizá una de las ventajas más importantes de la imaginación sea que permite que uno pueda dividir todos los problemas en las partes que los componen y luego los monte en combinaciones más favorables.

Se ha dicho que las batallas en una guerra no se ganan o se pierden en la línea de fuego, una vez iniciada aquélla, sino detrás de ella, a través de la estrategia sensata, o la falta de ella, utilizada por los generales que las planifican.

Lo que es cierto en la guerra se aplica también a los negocios y a la mayoría de problemas a los que nos enfrentamos a lo largo de la vida. Ganamos o perdemos, dependiendo de la naturaleza de los planes que diseñamos y llevamos a cabo, un hecho que sirve para enfatizar el valor de las leyes de la Iniciativa y el Liderazgo, la Imaginación, la Autoconfianza y el Objetivo Principal Definido. Con un uso inteligente de estas cuatro leyes, uno puede diseñar planes para cualquier propósito, los cuales no podrán ser derrotados por ninguna persona o grupo de personas que no empleen o comprendan estas leyes.

¡No se puede escapar de la verdad que aquí se afirma!

23 de mayo

El ESFUERZO ORGANIZADO es un esfuerzo que está dirigido según un plan que ha sido concebido con ayuda de la imaginación, guiado por un Objetivo Principal definido, y al que se da impulso con la iniciativa y la autoconfianza. Estas cuatro leyes se combinan formando una y se convierten en poder en manos de un líder. Sin su ayuda, el liderazgo eficaz resulta imposible.

24 de mayo

La imaginación es el taller de la mente humana, en el que las viejas ideas y los hechos establecidos pueden ser reorganizados en nuevas combinaciones y tener nuevos usos. Un diccionario moderno define imaginación de la siguiente manera:

«El acto del intelecto constructivo de agrupar los materiales del conocimiento o el pensamiento en sistemas nuevos, originales y racionales; la facultad constructiva o creativa; tener una imaginación poética, artística, filosófica, científica y ética.

»El poder de la mente de imaginar; la formación de imágenes, ilustraciones o representaciones mentales de objetos o ideas, particularmente de objetos de percepción sensorial ¡y de razonamiento matemático! También, la reproducción y combinación, normalmente con una modificación más o menos irracional o anormal, de imágenes o ideas de la memoria o hechos de la experiencia que uno recuerda».

25 de mayo

Se ha dicho que la imaginación es el poder creador del alma, pero esto es un tanto abstracto y profundiza en el significado más de lo que es necesario para el estudiante de este curso, que sólo desea utilizarla como un medio para obtener ventajas materiales o crematísticas en la vida.

Si uno ha dominado y comprendido a fondo las lecciones anteriores, sabrá que los materiales de los que construyó su objetivo principal definido fueron reunidos y combinados en su imaginación. También sabe que la autoconfianza, la iniciativa y el liderazgo deben crearse en la imaginación para que puedan convertirse en una realidad, pues es en el taller de la imaginación donde uno pondrá en funcionamiento el principio de la autosugestión para crear esas cualidades tan necesarias.

26 de mayo

Uno nunca tendrá un propósito definido en la vida, nunca tendrá autoconfianza, nunca tendrá la iniciativa y el liderazgo a menos que cree primero estas cualidades en su imaginación y se vea a sí mismo en posesión de ellas.

Del mismo modo que el roble se desarrolla a partir del germen que se encuentra en la bellota y el pájaro se desarrolla a partir del germen que permanece durmiente en el huevo, así también tus logros materiales se desarrollarán a partir de los planes organizados que uno cree en su imaginación. Primero está el pensamiento, luego la organización de dicho pensamiento en ideas y planes y, a continuación, la trasformación de esos planes en una realidad. El comienzo, como se puede observar, está en la imaginación de uno.

27 de mayo

La imaginación tiene una naturaleza interpretativa y creativa. Puede examinar hechos, conceptos e ideas, y crear nuevas combinaciones y planes a partir de ellos.

Por su capacidad de interpretar, la imaginación tiene un poder que no se le suele atribuir; es decir, el poder de registrar vibraciones y ondas de pensamiento que se ponen en movimiento desde fuentes externas, del mismo modo que el aparato receptor de radio capta las vibraciones del sonido. El principio a través del cual funciona esta capacidad de interpretación de la imaginación se denomina telepatía: la comunicación de pensamientos de una mente a otra, en distancias largas o cortas, sin la ayuda de instrumentos mecánicos o físicos.

28 de mayo

Con demasiada frecuencia, la imaginación es considerada meramente como algo indefinido, inasible, indescriptible, que no hace otra cosa que crear ficción. Es este desprecio popular de los poderes de la imaginación lo que ha hecho necesarias estas referencias más o menos abstractas a uno de los conceptos más importantes de este curso. El tema de la imaginación no sólo es un factor importante en sí mismo, sino que es uno de los más interesantes, como el lector podrá observar cuando empiece a ver cómo afecta a todo lo que hace para alcanzar su Objetivo Principal Definido.

29 de mayo

Uno verá cuán importante es el tema de la imaginación cuando se detenga para darse cuenta de que es la única cosa en el mundo sobre la que tiene un control absoluto. Otras personas nos pueden privar de nuestra riqueza material y engañarnos de mil maneras, pero nadie nos puede privar del control y el uso de la imaginación. La gente nos puede tratar injustamente, como suele hacerlo; puede privarnos de nuestra libertad, pero no puede quitarnos el privilegio de utilizar nuestra imaginación como nosotros queramos.

30 de mayo

El problema principal actualmente con este mundo reside en nuestra falta de comprensión del poder de la imaginación, porque si entendiéramos su gran potencial podríamos usarlo como un arma para acabar con la pobreza, la infelicidad, la injusticia y la persecución, y esto podría hacerse en una sola generación.

31 de mayo

El éxito no necesita explicaciones. El fracaso no permite excusas.

Junio

El sexto paso hacia las riquezas

PLANIFICACIÓN ORGANIZADA

1 de junio

¿Cómo construir planes prácticos?

a. Aliarse con un grupo de tantas personas como necesite
    para la creación y la realización del propio plan o planes
    para acumular dinero, haciendo uso del Equipo Maestro
    (obedecer a esta instrucción es absolutamente necesario.
    No debe desatenderse).

b. Antes de formar la «Alianza Maestra», decidir qué venta-
    jas y beneficios se pueden ofrecer a los miembros del gru-
    po a cambio de su cooperación. Nadie trabaja de forma
    indefinida sin algún tipo de compensación. Ninguna
    persona inteligente exige o espera que otra trabaje sin una
    compensación adecuada a pesar de que ésta no siempre
    sea en forma de dinero.

c. Concertar con los miembros del «Equipo Maestro» reu-
    nirse un mínimo de dos veces por semana, y más a me-
    nudo si es posible, hasta que conjuntamente se haya
    perfeccionado el plan o los planes necesarios para la
    acumulación de dinero.

d. Mantener una armonía perfecta con todos los miembros
    del «Equipo Maestro». Si uno no logra llevar a cabo esta
    instrucción al pie de la letra, puede fracasar. El principio
    del «Equipo Maestro» no puede obtenerse donde no pre-
    valece una armonía perfecta.

2 de junio

El lector debe tener presente los siguientes hechos:

En primer lugar, está comprometido con una misión de suma importancia para él. Para asegurarse de tener éxito debe tener unos planes inequívocos.

En segundo lugar, debe contar con la ventaja de la experiencia, la educación y la capacidad e imaginación innatas de otras mentes. Esto encaja con los métodos que han seguido todas las personas que han acumulado una gran fortuna.

3 de junio

Cuando uno empiece a seleccionar a los miembros de su «Equipo Maestro», debe tratar de seleccionar a aquellos que no se toman en serio las derrotas.

Ningún individuo tiene suficiente experiencia, educación, capacidad innata y conocimiento para asegurar la acumulación de una gran fortuna sin la cooperación de otras personas. Todo plan que uno adopte en su intento de acumular riquezas debería ser la creación conjunta de él con todos los miembros de su «Equipo Maestro». Uno puede elaborar sus propios planes, tanto del todo como en parte, pero debe comprobar que todos los miembros de su «Alianza Maestra» han verificado y aceptado dichos planes.

4 de junio

Si el primer plan que uno adopta no funciona con éxito, debe remplazarlo por un nuevo plan; si éste tampoco funciona, sustituirlo por otro, y así sucesivamente hasta que encuentre un plan que funcione. Precisamente aquí es donde la mayoría de las personas fracasan, debido a su falta de persistencia en la creación de nuevos planes que ocupen el lugar de aquellos que no funcionaron.

El ser humano más inteligente no puede triunfar en la acumulación de dinero —ni de ninguna otra empresa— sin unos planes prácticos y factibles. El lector debe tener presente este hecho y recordar que, cuando sus planes fracasen, la derrota temporal no es un fracaso definitivo. Puede que sólo signifique que sus planes no han sido acertados. Elabore nuevos planes. Empiece de nuevo otra vez.

5 de junio

Thomas A. Edison «fracasó» diez mil veces antes de terminar la lámpara incandescente. Es decir, se encontró con derrotas temporales diez mil veces antes de que sus esfuerzos se coronaran con el éxito.

Una derrota temporal sólo debería significar una cosa: la certeza de que hay algo que no funciona del plan. Millones de personas viven sumidas en la pobreza y la miseria porque carecen de un plan sólido con el que acumular una fortuna.

Henry Ford no acumuló una fortuna gracias a su extraordinaria mente, sino a que adoptó y siguió un plan que se demostró que era el acertado. Podría señalar a miles de hombres con más educación que Ford y que, sin embargo, viven en la pobreza porque no poseen el plan correcto para acumular dinero.

6 de junio

Los logros no pueden ser mejores de lo que permite la solidez de los planes. Tal vez parezca una declaración axiomática, pero es cierto.

Ningún individuo está vencido hasta que él mismo abandona en su propia mente.

Repetiré numerosas veces este hecho porque es muy fácil «rendirse» a la primera señal de derrota.

James J. Hill se topó con fracasos temporales la primera vez que intentó aumentar el capital necesario para construir una línea de ferrocarril del este al oeste de Estados Unidos, pero él, también, convirtió la derrota en victoria gracias a unos planes nuevos.

Henry Ford tuvo fracasos temporales, no sólo al inicio de su carrera en el mundo del automóvil, sino también después de haber alcanzado el éxito. Creó nuevos planes y siguió avanzando hacia la victoria económica.

Cuando consideramos a las personas que han acumulado grandes fortunas, a menudo sólo reconocemos su triunfo y pasamos por alto los fracasos temporales que han tenido que soportar antes de «llegar».

7 de junio

Ningún seguidor de esta filosofía puede esperar de manera razonable acumular una fortuna sin experimentar «derrotas temporales». Cuando el fracaso sobreviene, debemos aceptarlo como un indicativo de que nuestros planes no son acertados, reconstruir estos planes y zarpar una vez más hacia nuestro codiciado objetivo. Si uno renuncia antes de alcanzar su meta, se convierte en un pusilánime.

Aquellos que abandonan nunca ganan; aquellos que ganan nunca abandonan.

Animo al lector a que copie esta frase en un papel, la escriba con letras muy grandes y la coloque en un lugar donde pueda verla cada noche antes de acostarse y cada mañana antes de irse a trabajar.

8 de junio

Algunas personas creen ingenuamente que sólo el dinero puede traer dinero. ¡No es cierto! El deseo, convertido en su equivalente monetario gracias a los principios esbozados aquí, es el medio a través del que se «crea» el dinero. El dinero en sí no es nada sino materia inerte. No se puede mover ni puede pensar o hablar, pero puede «oír» a una persona que lo desea y lo llama.

Una planificación inteligente es necesaria para tener éxito en cualquier actividad diseñada para acumular riquezas. Debería ser alentador saber que prácticamente todas las grandes fortunas empezaron en alguna forma de compensación por unos servicios personales o por la venta de ideas. ¿Qué más, aparte de las ideas y los servicios personales, podría dar alguien sin propiedades a cambio de riquezas?

9 de junio

En términos generales, podemos decir que existen dos tipos de personas. Unas son los que se conocen como líderes y las otras son los seguidores. El lector debe decidir desde el principio si pretende convertirse en un líder de su profesión o permanecer como un seguidor. La diferencia en la compensación que reciben cada uno de ellos es sumamente grande. El seguidor no puede esperar de manera razonable la compensación a la que tiene derecho un líder, a pesar de que muchos seguidores cometan el error de esperar un sueldo similar.

Ser un seguidor no es una desgracia. Por otro lado, tampoco es un honor permanecer como un seguidor. La mayoría de los grandes líderes empezaron como seguidores. Se convirtieron en grandes líderes porque eran seguidores inteligentes. Con raras excepciones, la persona que no puede seguir a un líder inteligente no puede convertirse en un líder eficaz. El hombre que puede seguir a un líder con ingenio puede convertirse en un buen líder. Un seguidor inteligente tiene muchas ventajas, entre ellas la de adquirir conocimientos de su líder.

Los siguientes elementos son importantes para todo líder:

1. Valentía inquebrantable basada en el conocimiento de uno mismo y de su profesión.
2. Autocontrol.
3. Sentido agudo de la justicia.
4. Firmeza en las decisiones.
5. Firmeza en los planes.
6. Tener el hábito de hacer más de lo que a uno le corresponde hacer.
7. Una personalidad agradable.
8. Simpatía y comprensión.
9. Dominio del detalle.
10. Estar dispuesto a asumir toda la responsabilidad.
11. Cooperación.

11 de junio

Hay dos formas de liderazgo. El primero, y con mucho el más efectivo, es el liderazgo que tiene el consentimiento y la simpatía de los seguidores. El segundo es el liderazgo por la fuerza, que no tiene el consentimiento ni la simpatía de los seguidores. La historia está repleta de pruebas de que el liderazgo por la fuerza no puede durar mucho tiempo. La caída y desaparición de los dictadores y los reyes es relevante, porque significa que la gente no tolera el liderazgo forzado de manera indefinida.

Los que pertenecen a la vieja escuela del liderazgo por la fuerza deben comprender el nuevo tipo de liderazgo (cooperación) o relegarse a la masa de seguidores. No hay otra salida para ellos.

¡El liderazgo con consentimiento de los seguidores es el único que puede perdurar!

12 de junio

LAS DIEZ PRINCIPALES CAUSAS DEL FRACASO
DE LOS LÍDERES

Llegamos ahora a los principales errores de los líderes que fracasan, porque es tan esencial saber qué no hacer como saber qué hacer.

1. Incapacidad de organizar los detalles. Un liderazgo eficaz requiere la capacidad de organizar y controlar los detalles. Todo verdadero líder jamás está «demasiado ocupado» para hacer cualquier cosa que sea necesaria en su capacidad de líder. Cuando una persona, tanto si es un líder como un seguidor, admite que está «demasiado ocupado» para modificar sus planes o para prestar atención a cualquier emergencia, está admitiendo su incompetencia. El buen líder debe dominar todos los detalles referentes a su posición. Esto significa, por supuesto, que debe adquirir el hábito de delegar los detalles a ayudantes competentes.

LAS DIEZ PRINCIPALES CAUSAS DEL FRACASO DE LOS LÍDERES
(continuación)

2. Mala disposición para prestar servicios modestos. Los verdaderos líderes están dispuestos, cuando la situación lo exige, a hacer cualquier tarea que hayan pedido a otra persona. «El mejor de vosotros será vuestro servidor» es una verdad que todos los líderes competentes contemplan y respetan.

LAS DIEZ PRINCIPALES CAUSAS DEL FRACASO DE LOS LÍDERES

(continuación)

3. Expectativas de ser gratificados por lo que «saben» y no por lo que hacen con aquello que saben. El mundo no paga a las personas por lo que «saben», sino por lo que hacen o inducen a hacer a los demás.

15 de junio

LAS DIEZ PRINCIPALES CAUSAS DEL FRACASO DE LOS LÍDERES
(continuación)

4. Temor a la competencia de los seguidores. El líder que teme que alguno de sus seguidores ocupe su puesto está prácticamente condenado a ver cómo sus temores se hacen realidad tarde o temprano. El líder competente entrena a sus suplentes para poder delegar, a voluntad, cualquiera de los detalles de su puesto. Sólo de este modo un líder puede multiplicarse y prepararse para estar en muchos lugares y atender muchas tareas al mismo tiempo. Es una verdad inquebrantable que las personas reciben más gratificación de su habilidad para lograr que los demás rindan que de sus propios esfuerzos. Un buen líder puede, a través de su conocimiento del trabajo y del magnetismo de su personalidad, aumentar enormemente la eficiencia de los demás e inducirlos a prestar más y mejores servicios de los que éstos podrían dar sin su ayuda.

LAS DIEZ PRINCIPALES CAUSAS DEL FRACASO DE LOS LÍDERES
(continuación)

5. Falta de imaginación. Sin imaginación el líder es incapaz de hacer frente a las urgencias y de crear planes con los que guiar a sus seguidores de forma eficaz.

LAS DIEZ PRINCIPALES CAUSAS DEL FRACASO DE LOS LÍDERES
(continuación)

6. Egoísmo. Sin duda, el líder que reclama todo el honor del trabajo de sus seguidores va a encontrar mucho resentimiento. El verdadero líder no reclama ningún honor, cuando los hay, son para sus seguidores, porque sabe que la mayoría de las personas trabajarán más duro por los elogios y el reconocimiento que por el dinero.

LAS DIEZ PRINCIPALES CAUSAS DEL FRACASO DE LOS LÍDERES
(continuación)

7.	Intemperancia. Los seguidores no respetan a un líder intemperante. Además, la intemperancia, en cualquiera de sus variadas formas, destruye la resistencia y la vitalidad de quien se deje llevar por ella.

19 de junio

LAS DIEZ PRINCIPALES CAUSAS DEL FRACASO
DE LOS LÍDERES
(continuación)

8.   Deslealtad. Tal vez esta característica debería haber enca-
     bezado la lista. El líder que no es leal con su organización
     ni con su equipo, con quienes están por encima de él y
     con quienes están por debajo, no puede mantener su lide-
     razgo durante mucho tiempo. La deslealtad sitúa a uno en
     la categoría más baja y atrae hacia sí el desprecio que se
     merece. La falta de lealtad es una de las principales causas
     del fracaso en cualquier actividad.

LAS DIEZ PRINCIPALES CAUSAS DEL FRACASO DE LOS LÍDERES
(continuación)

9. Énfasis en la «autoridad» del líder. El buen líder dirige de manera estimulante y no intentando instigar miedo a sus seguidores. El líder que intenta impresionar a sus seguidores con su «autoridad» entra en la categoría del liderazgo por la fuerza. Si un líder es un auténtico líder, no tendrá ninguna necesidad de anunciar este hecho más que con su conducta: con simpatía, comprensión, justicia y demostración de que conoce su trabajo.

LAS DIEZ PRINCIPALES CAUSAS DEL FRACASO DE LOS LÍDERES
(continuación)

10. Insistencia en el título. El líder competente no necesita ningún «título» para ganarse el respeto de sus seguidores. La persona que insiste demasiado en su título generalmente no tiene mucho más en qué apoyarse. Las puertas del despacho de un verdadero líder permanecen abiertas para todos los que deseen entrar, y su lugar de trabajo está libre de formalidades y ostentaciones.

Éstas son algunas de las causas más habituales del fracaso en el liderazgo. Cualquiera de estos fallos es suficiente para provocar el fracaso. Si el lector aspira a ser líder, debe analizar la lista detenidamente y asegurarse de que no posee ninguno de estos rasgos.

22 de junio

Todos disfrutamos haciendo el tipo de trabajo para el que somos más adecuados. A un artista le encanta trabajar con pinturas, a un artesano con sus manos, a un escritor le apasiona escribir. Quienes tienen talentos menos definidos también tienen sus preferencias por ciertos campos de los negocios y la industria. Si algo hace bien Estados Unidos es ofrecer un amplio abanico de ocupaciones. Decida exactamente qué tipo de trabajo quiere. Si el trabajo no existe, tal vez pueda crearlo.

Toda persona que empieza o que «accede» a la mitad de la escalera del éxito, ha necesitado una planificación deliberada y cuidadosa.

23 de junio

En el futuro, los hombres y las mujeres que mejor comercialicen sus servicios deberán reconocer el magnífico cambio que ha tenido lugar respecto a la relación entre el empresario y el trabajador.

En el futuro, la regla de oro, y no la regla del oro, será el factor dominante tanto en el comercio de mercaderías como de servicios personales. La futura relación entre los empresarios y sus trabajadores será más afín a una asociación integrada por:

a.   El empresario
b.   El trabajador
c.   El público al que sirven

El verdadero empleador del futuro será el público. Esto debe tenerlo en cuenta toda persona que desee comercializar los servicios personales efectivamente. La política del *«public be damed»*[1] ya está pasada de moda, y se ha suplantado por la de «estamos amablemente a su servicio».

---

1. Frase que se atribuye a William Vanderbilt cuando estaba en la directiva de varios ferrocarriles que heredó de su padre, y que puede traducirse por «¡Al diablo con el público!». *(N. de la T.)*.

24 de junio

«Cortesía» y «servicio» son las actuales consignas de la comercialización, y son más directamente aplicables a las personas que venden sus servicios personales que al empresario a quien sirven porque, en última instancia, ambos están contratados por el público al que sirven. Si no logran dar un buen servicio, pagan con la pérdida de su privilegio de servir.

25 de junio

«¡El pecado se paga con la muerte!». Muchos han leído esta frase en la Biblia, pero muy pocos han descifrado su significado. Actualmente y desde hace varios años, todo el mundo ha estado escuchando a la fuerza un sermón que bien podría llamarse: «Lo que el hombre siembra, eso cosecha».

Nada tan extenso y efectivo como la depresión podría haber sido «una simple coincidencia». Tras la depresión hubo una causa. Nunca ocurre nada sin una causa. En términos generales, la causa de la depresión puede remontarse directamente al hábito mundial de intentar cosechar sin haber sembrado.

Si existe un principio de causa y efecto que controla los negocios, la economía y los trasportes, es el mismo principio que controla a los individuos y determina su nivel económico.

26 de junio

Las causas del éxito de una comercialización de los servicios efectiva y permanente están completamente descritas. A menos que se estudien, analicen, comprendan y apliquen estas causas, nadie puede comercializar sus servicios de forma efectiva y permanente. Cualquier persona debe ser su propio vendedor de sus servicios personales. La calidad y la cantidad del servicio prestado y el espíritu con que se presta determinan, en gran medida, el precio y la duración del empleo. Para comercializar los servicios personales de manera efectiva (lo que significa un mercado permanente, a un precio satisfactorio y en buenas condiciones), uno debe adoptar y seguir la fórmula «CCE», que significa que la calidad, más la cantidad, más el espíritu de cooperación adecuado, equivale a un arte perfecto de venta del servicio. El lector debe recordar la fórmula «CCE», pero tiene que hacer algo más: ¡aplicarla de manera habitual!

27 de junio

Vamos a analizar la fórmula para asegurarnos de que comprendemos con exactitud lo que significa.

1. La calidad del servicio debe entenderse como la realización de cada detalle, relacionado con nuestro cargo, de la mejor manera posible y teniendo siempre en mente el objetivo de ser más eficaces.

2. La cantidad del servicio debería entenderse como el hábito de prestar todo el servicio del que somos capaces, en todo momento, con el objetivo de incrementar el servicio prestado a medida que desarrollamos una mayor capacidad a través de la práctica y la experiencia. El énfasis recae nuevamente en la palabra «hábito».

3. El espíritu del servicio debería comprenderse como el hábito de comportarnos de manera agradable y armoniosa para lograr la cooperación de los socios y los compañeros de trabajo.

La adecuación de la calidad y la cantidad del servicio no es suficiente para mantener un mercado permanente de nuestros servicios. Nuestra conducta o el espíritu con el que ofrecemos nuestros servicios es un factor muy determinante tanto del precio que recibimos como de la duración del empleo.

28 de junio

Se ha destacado la importancia de una personalidad agradable porque es un factor que le permite a uno prestar servicios con el espíritu adecuado. Si uno tiene una personalidad que complace y presta servicios con un espíritu de armonía, estas dos virtudes a menudo compensan las deficiencias que pueda haber tanto en la calidad como en la cantidad del servicio que presta. Sin embargo, nada puede sustituir con éxito un comportamiento agradable.

29 de junio

La persona cuyos ingresos provienen únicamente de la venta de sus servicios personales no es menos comerciante que la persona que vende bienes de consumo. También debería añadirse que una persona así está sujeta exactamente a las mismas reglas de conducta que un comerciante que vende mercancías.

He querido destacar este aspecto porque muchas personas que viven de la venta de sus servicios personales cometen el error de considerarse ajenas a las reglas de conducta y a las responsabilidades que corresponden a los que venden bienes de consumo.

La nueva forma de comercializar los servicios ha obligado tanto al empresario como al empleado a formar una alianza con la que ambos toman en consideración los derechos de un tercero, el público al que sirven.

30 de junio

Ya ha pasado la época de los que «salían a conseguir» y se ha sustituido por la de los que «salen a ofrecer». Finalmente han salido a la luz los métodos que utilizaban las empresas, consistentes en ejercer una gran presión, y jamás habrá necesidad de volver a encubrirlos porque, en el futuro, los negocios se guiarán por métodos que no requieren ninguna presión.

El verdadero valor del capital de nuestras mentes puede estar determinado por la cantidad de ingresos que podemos producir (comercializando nuestros servicios). El dinero no vale más que el cerebro. De hecho, a menudo vale mucho menos. Los «cerebros» competentes, si se comercializan de forma efectiva, representan un tipo de capital mucho más deseable que el que se necesita para dirigir un negocio de venta de bienes de consumo, porque los «cerebros» son una clase de capital que no puede perder su valor de manera permanente con las crisis, ni puede robarse o gastarse. Además, el dinero que se necesita para dirigir un negocio tiene tan poco valor como una duna de arena hasta que no se combina con «cerebros» eficientes.

Julio

El séptimo paso hacia las riquezas

DECISIÓN

1 de julio

Un análisis preciso de veinticinco mil hombres y mujeres que habían experimentado el fracaso reveló el hecho de que la falta de decisión era una de las primeras de la lista de las treinta principales causas de fracaso. No se trata de una simple enunciación de una teoría, sino de un hecho real.

La demora, concepto opuesto al de decisión, es un habitual enemigo que prácticamente todo ser humano debe vencer.

El lector tendrá la oportunidad de analizar su capacidad de alcanzar decisiones rápidas y definidas cuando termine de leer este libro y esté preparado para empezar a poner en práctica los principios que se describen en él.

2 de julio

El análisis de varios centenares de personas que habían acumulado fortunas que superaban generosamente el millón de dólares reveló el hecho de que todas tenían el hábito de llegar a decisiones de forma inmediata y de cambiarlas lentamente. Las personas que no logran acumular riquezas, sin ninguna excepción, tienen el hábito de tomar decisiones muy lentamente, si es que llegan a tomar alguna, y de cambiarlas con mucha rapidez y frecuencia.

3 de julio

La mayoría de las personas que no logran acumular el dinero suficiente para cubrir sus necesidades generalmente son personas que se dejan influir con facilidad por las «opiniones» de los demás. Permiten que los periódicos y sus vecinos «chismosos» piensen por ellos. Las opiniones son los productos más baratos de la Tierra. Todos tenemos un montón de opiniones listo para ser deseado por cualquiera que lo acepte. Si uno está influido por «opiniones» cuando toma decisiones, no tendrá éxito en ninguna empresa y, mucho menos, en la que consiste en convertir su propio deseo en dinero.

4 de julio

Si uno está influido por las opiniones de los demás, al final terminará no teniendo ningún deseo propio.

Cuando uno empieza a poner en práctica los principios descritos aquí, es aconsejable guiarse por los propios consejos, tomar sus propias decisiones y permanecer fieles a ellas. No debe confiar en nadie más que en los miembros de su Equipo Maestro, y debe estar muy seguro de que en la selección de su equipo sólo escoge a aquellos que simpaticen y estén en completa armonía con su propósito.

5 de julio

Los amigos íntimos y los familiares, aunque no lo hacen intencionadamente, a menudo perjudican a uno con «opiniones» y a veces lo ridiculizan tratando de ser graciosos. Miles de hombres y mujeres tienen complejos de inferioridad durante toda su vida porque alguien, bienintencionado pero ignorante, destruyó su confianza con «opiniones» o poniéndolos en ridículo.

6 de julio

Uno tiene su propia mente y su propio cerebro. Debe usarlo y tomar sus propias decisiones. Si necesita datos o información de otras personas para poder tomar decisiones, tal y como probablemente requerirá en muchas ocasiones, debe adquirir estos datos u obtener la información que necesita discretamente, sin revelar su propósito.

7 de julio

Una característica de las personas que tienen sólo un conocimiento ligero o elemental de un tema es que intentan dar la impresión de que saben mucho acerca de él. Estas personas generalmente hablan demasiado y escuchan muy poco. Mantenga los ojos y los oídos bien abiertos y la boca cerrada si lo que desea es adquirir el hábito de tomar decisiones rápidamente. Aquellos que hablan demasiado suelen hacer muy poco. Si uno habla más de lo que es capaz de escuchar, no sólo se está privando de muchas oportunidades de acumular un conocimiento útil, sino que también está revelando sus planes y propósitos a personas que se deleitarán tratando de anularlo porque le tienen envidia.

El lector debe recordar, también, que cada vez que abre la boca en presencia de una persona que tiene un gran conocimiento le está mostrando la existencia precisa de su conocimiento o su falta de él. La auténtica sabiduría normalmente es conspicua a través de la modestia y el silencio.

8 de julio

Cabe tener presente el hecho de que toda persona con quien nos asociamos está, como nosotros, buscando la oportunidad de acumular dinero. Si hablamos de nuestros planes con demasiada libertad, tal vez nos sorprendamos cuando descubramos que otra persona se nos ha adelantado porque ha puesto en marcha antes que nosotros los planes de los que hemos hablado tan imprudentemente.

Debemos permitir que una de nuestras primeras decisiones sea la de mantener la boca cerrada y los oídos y los ojos abiertos.

Un recordatorio para seguir este consejo que puede ser de gran utilidad consiste en copiar el siguiente refrán en letras grandes y colocarlo en algún lugar donde uno pueda verlo diariamente: «Dígale al mundo lo que pretende hacer, pero primero muéstreselo». Esto equivale a decir que «las acciones, y no las palabras, son lo que más importa».

9 de julio

El valor de las decisiones depende del coraje necesario para tomarlas. Las grandes decisiones, que permitieron la fundación de la civilización, se lograron a base de asumir grandes riesgos, y con frecuencia implicaban la posibilidad de morir.

La mayor decisión de todos los tiempos, en lo que concierne a todo ciudadano estadounidense, fue la que se tomó el 4 de julio de 1776 en Filadelfia, cuando cincuenta y seis hombres firmaron un documento que, como muy bien sabían, podía otorgar la libertad a todos los estadounidenses o bien dejarlos, a cada uno de los cincuenta y seis hombres, colgando de la horca.

10 de julio

Es conveniente analizar los acontecimientos que llevaron a la Declaración de Independencia, y convencerse de que esta nación, que ahora tiene una posición de respeto y poder dominante entre todas las naciones del mundo, nació de una decisión tomada por un grupo que consistía en cincuenta y seis hombres. Nótese bien el hecho de que fue su decisión lo que aseguró el éxito de los ejércitos de Washington porque el espíritu de ésta se hallaba en el corazón de cada soldado que luchó, y sirvió como un poder espiritual que no reconoce el fracaso.

Nótese, también (para lograr un mayor beneficio personal), que el poder que le dio libertad a esta nación es el mismo poder que debe usar cada individuo que quiera alcanzar la autodeterminación. Este poder está compuesto por los principios descritos en este libro. No será difícil detectarlos, por lo menos seis de éstos, en la historia de la Declaración de Independencia: deseo, decisión, fe, perseverancia, Equipo Maestro y planificación organizada.

11 de julio

En esta filosofía puede encontrarse la idea de que el pensamiento, respaldado por un deseo imperioso, tiende a trasmutarse en su equivalente físico.

En la búsqueda del secreto de este método el lector no debe esperar un milagro, porque no lo encontrará. Sólo encontrará las leyes eternas de la naturaleza. Estas leyes están al alcance de cualquier persona que tenga la fe y el coraje de aplicarlas. Pueden emplearse para darle la libertad a una nación o para acumular riquezas. No hay ningún cargo salvo el tiempo necesario para comprenderlas y apropiarse de ellas.

12 de julio

Los que alcanzan decisiones rápida y definitivamente saben lo que quieren y, por lo general, lo consiguen. Los líderes de cualquier esfera social deciden con rapidez y firmeza. Éste es el principal motivo por el que son líderes. El mundo tiene la costumbre de hacerle un hueco a la persona cuyas palabras y acciones demuestran que sabe a dónde va.

13 de julio

La indecisión es un hábito que normalmente aparece en la juventud y adquiere permanencia a medida que el joven pasa por la escuela, el instituto e incluso la universidad sin un propósito definido. La mayor debilidad de todos los sistemas educativos es que ni enseñan ni fomentan el hábito de la decisión definida.

El hábito de la indecisión que se adquiere a causa de las deficiencias de nuestros sistemas educativos acompaña al estudiante en la profesión que elige… si… en realidad escoge su profesión. Generalmente, los jóvenes que acaban de terminar sus estudios buscan cualquier trabajo que puedan encontrar. Aceptan lo primero que encuentran porque han caído en el hábito de la indecisión. El 98 % de los asalariados ocupan los cargos que ocupan porque carecían de una decisión concreta para planear un puesto determinado y del conocimiento sobre cómo elegir a su empleador.

14 de julio

La concreción de la decisión siempre necesita tener coraje, algunas veces en gran cantidad. Los cincuenta y seis hombres que firmaron la Declaración de Independencia se jugaron sus vidas con la decisión de añadir sus firmas a ese documento. La persona que toma una decisión definida de procurarse un trabajo en particular y hacer que la vida le pague el precio que exige no se juega la vida en esa decisión; se juega su libertad económica. La independencia financiera, las riquezas, el negocio y los cargos profesionales deseables no están al alcance de la persona que se niega o rechaza imaginar, planear y exigir estas cosas. La persona que desea riquezas con el mismo espíritu que Samuel Adams deseaba la libertad de las colonias, sin duda, va a acumularlas.

15 de julio

Si el éxito depende del poder, si el poder es esfuerzo organizado, y si el primer paso hacia la organización es tener un propósito definido, entonces uno puede ver fácilmente por qué dicho propósito es esencial.

Hasta que una persona elige un propósito definido en la vida, disipa sus energías y esparce sus pensamientos por tantos temas y en tantas direcciones distintas, que no lo conducen al poder, sino a la indecisión y la debilidad.

16 de julio

Una observación detenida de la filosofía de los negocios de más de cien hombres y mujeres que han tenido un éxito destacado en sus respectivas profesiones reveló el hecho de que cada una de ellas era una persona de decisión rápida y clara.

La costumbre de trabajar con un Objetivo Principal Definido desarrollará en uno el hábito de tomar decisiones con rapidez, y esto le ayudará en todo lo que emprenda.

17 de julio

El hábito de trabajar con un Objetivo Principal Definido le ayudará a concentrar toda su atención en cualquier tarea hasta que la haya dominado. La concentración de esfuerzos y el hábito de trabajar con un Objetivo Principal Definido son dos de los factores esenciales para el éxito que siempre van unidos. Uno conduce al otro.

18 de julio

Hace falta fuerza de carácter, determinación y el poder de una firme DECISIÓN para abrir una cuenta de ahorros y luego irle añadiendo una porción regular, aunque sea pequeña, de todos los ingresos subsiguientes.

Existe una regla con la que uno puede determinar, con mucho adelanto, si alguna vez disfrutará de la libertad y la independencia económicas universalmente deseadas por todo ser humano, y esta regla no tiene absolutamente nada que ver con el volumen de sus ingresos. La regla es que, si una persona tiene el hábito sistemático de ahorrar una proporción definida de todo el dinero que gana o recibe por otras vías, es prácticamente seguro que se colocará en una posición de independencia económica. Si no ahorra nada, ES ABSOLUTAMENTE SEGURO QUE NUNCA SERÁ INDEPENDIENTE, sin importar cuáles sean sus ingresos.

19 de julio

Si uno no da algún paso cada día que le acerque a la realización de su Objetivo Principal Definido, entonces no está sacando el máximo provecho de este libro. Uno no debe engañarse ni equivocarse creyendo que el fin de su Objetivo Principal Definido se materializará si se limita a esperar. La materialización llegará a través de la propia determinación, respaldada por los propios planes cuidadosamente establecidos y la propia iniciativa para llevarlos a la acción, o no llegará en absoluto.

¡Uno de los principales requisitos para el liderazgo es el poder de tomar una DECISIÓN firme y rápida!

El análisis de más de 16.000 personas reveló el hecho de que los líderes siempre son personas de decisión rápida, incluso en asuntos de poca importancia, mientras que el seguidor NUNCA es una persona de decisión rápida. ¡Esto es algo que vale la pena recordar!

20 de julio

El seguidor, en cualquier ámbito de la vida en que uno lo encuentre, es una persona que rara vez sabe lo que quiere. Vacila, se anda con dilaciones y, en realidad, se niega a tomar una decisión, incluso en los asuntos de menor importancia, a menos que un líder lo induzca a hacerlo.

Saber que la mayoría de la gente no es capaz de tomar decisiones rápidamente y no lo hace, cuando las llega a tomar, es de gran ayuda para el líder que sabe lo que quiere y tiene un plan para conseguirlo.

21 de julio

El líder no sólo trabaja con un OBJETIVO PRINCIPAL DE-
FINIDO, sino que tiene un plan muy definido para alcanzarlo. Se verá también que la Ley de Autoconfianza se convierte
en una parte importante del equipo de trabajo del líder.

La razón principal por la que un seguidor no llega a tomar
decisiones es que carece de la seguridad en sí mismo para
hacerlo.

22 de julio

¡La elección de un Objetivo Principal Definido requiere del uso tanto de la imaginación como de la decisión! El poder de decisión crece con el uso. La decisión rápida, al obligar a la imaginación a crear un Objetivo Principal Definido, hace que la capacidad de tomar decisiones en otros asuntos sea más poderosa.

Las adversidades y las derrotas temporales suelen ser bendiciones disfrazadas, puesto que nos obligan a hacer uso de la imaginación y la decisión. Ésta es la razón por la que las personas suelen luchar mejor cuando están contra la pared y saben que no puede retroceder. Entonces, llegan a la decisión de pelear en lugar de salir corriendo.

23 de julio

La imaginación nunca es tan activa como cuando uno se enfrenta a una emergencia que exige una decisión y una acción rápidas y claras. En esos momentos de emergencia, algunos hombres han tomado decisiones, hecho planes y utilizado su imaginación de una manera tal que se hicieron conocidos como genios. Muchos genios han nacido de la necesidad de una estimulación insólita de la imaginación como consecuencia de alguna experiencia difícil que exigía un pensamiento rápido y una pronta decisión.

Es un hecho conocido que la única forma de conseguir que un chico, o una chica, demasiado mimado se vuelva de provecho es obligándolo a valerse por sí mismo. Esto requiere del ejercicio tanto de la imaginación como de la decisión, ninguna de las cuales sería utilizada a no ser por la necesidad.

24 de julio

A partir del día en que uno tome una clara decisión en su propia mente respecto a la cosa, situación o posición concreta que desea intensamente en su vida, cuando lea libros, periódicos y revistas verá que las noticias y otro tipo de información acerca del objeto de su Objetivo Principal Definido empezarán a atraer su atención; observará, también, que se le empiezan a presentar oportunidades que, si las aprovecha, le acercarán cada vez más al anhelado objeto de su deseo. Nadie sabe mejor que el autor de este curso lo imposible y poco práctico que puede parecer esto a la persona que no está informada sobre el tema del funcionamiento de la mente. Sin embargo, ésta no es una época favorable para el que duda o el escéptico, y lo mejor que puede hacer cualquier persona es experimentar con este principio hasta que su factibilidad haya quedado constatada.

25 de julio

La dilación hace que uno pierda oportunidades. Es un hecho significativo que nunca se ha sabido de ningún gran líder que se haya andado con dilaciones. Uno es afortunado si la AMBI-CIÓN le mueve a la acción, sin permitirle jamás vacilar o echarse atrás una vez que ha tomado la DECISIÓN de ir hacia adelante. Segundo a segundo, mientras el reloj va haciendo tic tac, el TIEMPO de distancia está corriendo una carrera contra USTED. El retraso significa derrota, porque ningún hombre puede recuperar jamás ni un segundo de TIEMPO perdido. El TIEMPO es un maestro trabajador que sana las heridas del fracaso y la decepción, y corrige todos los males y capitaliza todos los errores, pero favorece únicamente a aquellos que acaban con la dilación y se mantienen en la ACCIÓN cuando hay que tomar decisiones.

26 de julio

Pregunte a cualquier vendedor bien informado y le dirá que la indecisión es la debilidad más predominante de la mayoría de la gente. Todo vendedor conoce la gastada excusa de «Me lo voy a pensar», que es la última línea de defensa de quienes no tienen el valor de decir «Sí» o «No».

Los grandes líderes del mundo fueron hombres y mujeres de decisión rápida.

27 de julio

El suspenso de la indecisión lleva a millones de personas al fracaso. Un hombre condenado dijo en una ocasión que el pensamiento de su ejecución inminente no era tan aterrador una vez que había tomado la decisión de aceptar lo inevitable.

28 de julio

Una persona DECIDIDA consigue lo que se propone, sin importar cuánto tiempo le lleve la tarea, o cuán difícil sea. Un vendedor muy hábil deseaba conocer a un banquero de Cleveland, pero el banquero en cuestión no quería recibirlo.

¡Nada puede detener a una persona DECIDIDA!

¡Nada puede poner en marcha a una persona INDECISA! Usted elige.

29 de julio

Cuando Colón inició su famoso viaje, tomó una de las DECISIONES más importantes en la historia de la humanidad. De no haberse mantenido firme en aquella decisión, la libertad de América, tal como se conoce actualmente, jamás se hubiera dado.

Fijémonos en las personas que nos rodean y observemos este hecho significativo: LOS HOMBRES Y LAS MUJERES DE ÉXITO SON AQUELLOS QUE TOMAN DECISIONES RÁPIDAMENTE Y DESPUÉS DE TOMARLAS SE MANTIENEN FIRMES EN LO QUE HAN DECIDIDO.

30 de julio

Si uno es de esas personas que toman una decisión hoy y cambian de opinión mañana, está condenado al fracaso. Si no está seguro de hacia dónde ir, lo mejor es cerrar los ojos y avanzar en la oscuridad, en lugar de quedarse quieto y no hacer ningún movimiento.

El mundo perdonará a uno si comete errores, pero nunca le perdonará si no toma ninguna DECISIÓN, porque jamás oirá hablar de él fuera del vecindario en el que vive.

31 de julio

No importa quiénes somos o cuál es nuestro trabajo en esta vida, ¡estamos jugando a las damas con el TIEMPO! Siempre es nuestra próxima jugada. Uno debe moverse con una rápida DECISIÓN y el tiempo le favorecerá. Si uno se queda quieto el tiempo le eliminará del tablero.

No siempre se puede hacer la jugada correcta pero, si uno hace las jugadas suficientes, puede aprovechar la ley de los promedios y conseguir un puntaje respetable antes de que el gran juego de la vida haya llegado a su fin.

Agosto

El octavo paso hacia las riquezas

PERSISTENCIA

1 de agosto

La persistencia es un factor esencial para el procedimiento de convertir el deseo en su equivalente monetario. La base de la persistencia es la fuerza de voluntad.

Cuando la fuerza de voluntad y el deseo se combinan de la manera apropiada, forman una pareja irresistible. Las personas que acumulan grandes fortunas generalmente se dice que son despiadadas, y a veces que son crueles. Con frecuencia se las malinterpreta. Lo que tienen es fuerza de voluntad, que mezclan con perseverancia y las utilizan para respaldar sus deseos de asegurarse el logro de sus objetivos.

2 de agosto

La mayoría de las personas están listas para tirar por la borda sus metas y propósitos y se rinden a la primera señal de resistencia o infortunio. Unos pocos continúan a pesar de todos los obstáculos hasta conseguir su meta.

Es posible que no haya ninguna connotación heroica en la palabra «persistencia», pero esta cualidad es para el carácter de un individuo lo que el carbono es para el acero.

3 de agosto

La construcción de una fortuna generalmente supone la aplicación de los trece elementos de esta filosofía. Todos los individuos que quieran acumular dinero deben comprender estos principios y aplicarlos con persistencia.

Si el lector está leyendo este libro con la intención de aplicar el conocimiento que aporta, hallará la primera evaluación sobre su persistencia cuando empiece a seguir los seis pasos descritos al principio (*véanse* págs. 11 y 12).

4 de agosto

La falta de persistencia es una de las principales causas del fracaso. Además, la experiencia con miles de personas ha demostrado que carecer de perseverancia es una desventaja común en la mayoría de las personas. Ésta es una debilidad que se puede superar con esfuerzo. La facilidad para poder conquistar la falta de persistencia depende íntegramente de la intensidad del propio deseo.

5 de agosto

El punto de partida de todo logro es el deseo. Hay que tener esto presente en todo momento. Los deseos débiles traerán resultados débiles, del mismo modo que una pequeña cantidad de fuego proporciona muy poco calor. Si uno descubre que carece de persistencia, puede remediar esta debilidad con la creación de un fuego más intenso bajo sus deseos.

6 de agosto

Las fortunas gravitan sobre las personas cuyas mentes se han preparado para «atraerlas», del mismo modo que el agua gravita sobre el océano. En este libro se pueden encontrar todos los estímulos necesarios para «armonizar» cualquier mente normal con las vibraciones que atraigan el objeto de los propios deseos.

Si el lector descubre que su persistencia es débil, debe rodearse de un Equipo Maestro y, mediante los esfuerzos cooperativos de los miembros de su equipo, podrá desarrollar la persistencia.

7 de agosto

El subconsciente trabaja continuamente, tanto cuando uno está despierto como cuando uno duerme.

A la hora de aplicar las reglas, realizar un esfuerzo irregular u ocasional no tiene ninguna utilidad. Para conseguir resultados, debe aplicar todas las reglas hasta que ello se convierta en un hábito inamovible. No hay ninguna otra forma de desarrollar la «conciencia del dinero» necesaria.

La pobreza es atraída hacia la persona cuya mente es favorable a ella, mientras que el dinero es atraído a aquella cuya mente se ha preparado deliberadamente para atraerlo, en ambos casos según las mismas reglas. La conciencia de la pobreza voluntariamente se apropiará de la mente que no está ocupada por la conciencia del dinero. La conciencia de la pobreza se desarrolla sin necesidad de una aplicación consciente de hábitos favorables a ella. La conciencia del dinero debe crearse a menos que uno haya nacido con dicha conciencia.

8 de agosto

Sin persistencia uno estará derrotado incluso antes de empezar. Con persistencia ganará. Tal vez, encuentre necesario «escapar» de su inercia mental, con un movimiento lento al principio para luego incrementar su velocidad hasta lograr un control absoluto de su voluntad. Uno debe ser persistente a pesar de que pueda moverse muy despacio al principio. Con persistencia llegará el éxito.

9 de agosto

Si uno selecciona su Equipo Maestro con cuidado, podrá contar por lo menos con una persona dentro del mismo equipo que pueda ayudarlo en el desarrollo de la persistencia. Algunas personas que han acumulado grandes fortunas lo lograron por necesidad. Desarrollaron el hábito de la persistencia porque fueron impulsadas por las circunstancias con tanta fuerza que tuvieron que volverse persistentes.

¡No existe un sustituto de la persistencia! ¡No puede suplantarse por ninguna otra cualidad! Recordar esto infundirá ánimo al comienzo, cuando el camino parezca lento y difícil.

10 de agosto

Aquellos que han cultivado el hábito de la persistencia parecen gozar de un seguro contra el fracaso. Con independencia de las veces que sufran una derrota, finalmente llegarán al final de la escalera. A veces parece como si existiera un guía oculto cuya función fuera someter a prueba a las personas por medio de toda clase de experiencias desalentadoras. Las que son capaces de levantarse después de una derrota y siguen intentándolo, llegan; y el mundo grita: «¡Bravo! ¡Sabía que lo conseguirías!». El guía oculto no deja que nadie disfrute de grandes logros sin antes pasar el examen de persistencia. Los que no hacen ese examen no lograrán lo que se proponen.

Los que pueden hacerlo son generosamente recompensados por su persistencia. La compensación que reciben es el objetivo que están persiguiendo. ¡Pero eso no es todo! Reciben algo infinitamente más importante que la compensación material: el conocimiento de que «cada fracaso trae consigo la semilla de una ventaja equivalente».

11 de agosto

Unas pocas personas conocen, por experiencia propia, la sensatez de la persistencia. Son las mismas que no han aceptado que la derrota sea algo más que un suceso temporal. Son aquellas personas que aplican sus deseos con tanta persistencia que la derrota finalmente se convierte en una victoria. Los que estamos observando desde un lado de la vida vemos la abrumadora cantidad de personas que se derrumban en una derrota y nunca vuelven a levantarse. Vemos a los pocos que consideran el castigo de la derrota como un impulso para esforzarse más. Éstos, afortunadamente, nunca aprenden a aceptar dar marcha atrás en la vida. Pero lo que no vemos, lo que la mayoría no sospechamos que exista, es el silencioso aunque irresistible poder que acude al rescate de los que combaten el desaliento. Si alguna vez hablamos de este poder, lo llamamos persistencia y lo dejamos tal cual. Una cosa que todos sabemos es que si alguien no posee persistencia no consigue ningún éxito notable en ninguna profesión.

12 de agosto

La persistencia es un estado mental, por lo tanto, puede cultivarse. Como todos los estados mentales, la persistencia tiene sus raíces en causas definidas, entre las cuales destacan:

a. Concreción de un propósito. Saber lo que uno quiere es el primer paso, y tal vez el más importante, hacia el desarrollo de la persistencia. Un fuerte motivo obliga a uno a superar muchas dificultades.

b. Deseo. Es relativamente fácil adquirir y mantener la persistencia en la persecución del objeto de intenso deseo.

c. Autoconfianza. La confianza en la propia capacidad para llevar a cabo un plan estimula a uno a seguir el plan con persistencia.

d. Concreción de los planes. Los planes organizados, a pesar de que sean poco convincentes y completamente inviables, fomentan la persistencia.

e. Conocimiento preciso. Saber que los propios planes son sólidos y se basan en la experiencia o en la observación fomenta la persistencia; «adivinar» en lugar de «saber» termina con ella.

f. Cooperación. La simpatía, la comprensión y una cooperación armoniosa con los demás tiende a desarrollar perseverancia.

g. Fuerza de voluntad. El hábito de concentrar los propios pensamientos en la elaboración de planes para la consecución de un propósito definido induce a la persistencia.

h. Hábito. La perseverancia es el resultado directo del hábito. El miedo, el peor de todos los enemigos, puede curarse eficazmente con una repetición forzada de actos de valentía.

13 de agosto

Haga un inventario de sí mismo para determinar en qué aspecto, si es que hay alguno, carece de esta esencial cualidad de la persistencia. Debe medirse valientemente, paso a paso, y ver cuántos de los ocho factores de persistencia le faltan. El análisis puede llevar a descubrimientos que le proporcionen una nueva forma de recuperar el control de sí mismo.

14 de agosto

Las debilidades que deben dominar todos aquellos que deseen acumular riquezas son:

1. Incapacidad de reconocer o definir con claridad lo que uno quiere exactamente.
2. Dejar las cosas para más adelante, con o sin causa. (Normalmente respaldado por una magnífica colección de excusas).
3. Falta de interés en la adquisición de conocimientos especializados.
4. Indecisión.
5. Hábito de apoyarse en excusas en lugar de crear planes definidos para solucionar los problemas.
6. Autosatisfacción.
7. Indiferencia.
8. Hábito de culpar a los demás de los propios errores y aceptar las circunstancias desfavorables por creerlas inevitables.
9. Debilidad del deseo, debido a una negligencia en la elección de los motivos que impulsan la acción.
10. Buena disposición a abandonar al primer indicio de derrota (basado en uno o más de los seis temores básicos).
11. Falta de planes organizados escritos para poder analizarlos.

12. Hábito de no proseguir las ideas ni de aprovechar las oportunidades cuando se presentan.

13. Desear en vez de querer.

14. Hábito de aceptar la pobreza en lugar de aspirar a las riquezas.

15. Buscar todos los atajos hacia la riqueza, intentando conseguirla sin estar dispuesto a dar un equivalente justo, reflejado en el hábito del juego y en la tendencia a conseguir buenas gangas.

16. Temor a las críticas y al fracaso a la hora de crear planes y de ponerlos en marcha por miedo a lo que los demás puedan pensar, hacer o decir.

15 de agosto

Examinemos algunos de los síntomas del temor a las críticas. La mayoría de las personas permiten que sus familiares, amigos y el público en general las influyan de tal modo que no pueden vivir sus propias vidas porque temen sus críticas.

Muchísimas personas cometen errores al casarse, pero aceptan su situación y viven una vida miserable y desdichada porque temen las críticas que podrían recibir si corrigieran el error. Cualquiera que haya sucumbido a esta clase de miedo sabe el daño irreparable que provoca, porque destruye la ambición, la autoconfianza y el deseo de realizarse.

16 de agosto

Las personas rechazan arriesgarse en los negocios porque temen las críticas que podrían recibir si fracasaran. El temor a las críticas en tales casos es más fuerte que el deseo de tener éxito.

Hay demasiadas personas que se niegan a fijarse grandes objetivos o incluso descuidan seleccionar su carrera profesional porque temen que sus familiares y «amigos» puedan hacerles comentarios críticos tales como: «No apuntes tan alto, la gente creerá que estás loco».

17 de agosto

Muchas personas creen que el éxito material es el resultado de «oportunidades» favorables. Esta creencia tiene algo de cierto, pero los que dependen completamente de la suerte casi siempre están decepcionados, porque pasan por alto otro importante factor que debe tenerse presente antes de que uno pueda estar seguro de triunfar. Se trata del conocimiento que puede ofrecer «oportunidades» favorables.

La única «oportunidad» en la que cualquier persona puede permitirse confiar es en una «oportunidad» creada por ella misma. Y eso se logra con la aplicación de la perseverancia. El punto inicial es la concreción de un propósito.

18 de agosto

Si el lector examina a las primeras cien personas que se encuentre y les pregunta qué es lo que más quieren en la vida, el 98 % será incapaz de responderle. Si insiste en que den una respuesta, algunos dirán seguridad, muchos dirán dinero, unos pocos dirán felicidad, otros dirán fama y poder, e incluso algunos dirán reconocimiento social, una vida fácil, habilidad para cantar, bailar o escribir, pero ninguno será capaz de definir estos términos ni de dar una mínima indicación de un plan con el que esperan lograr estos deseos vagamente expresados. Las riquezas no responden a los deseos. Únicamente responden a planes definidos, tras los cuales hay deseos concretos, por medio de una constante persistencia.

19 de agosto

Existen cuatro simples pasos que llevan al hábito de la persistencia. No requieren una gran inteligencia, ni un nivel concreto de educación, ni mucho tiempo ni esfuerzo. Los pasos necesarios son:

1. Un propósito definido respaldado por un deseo imperioso de realizarlo.
2. Un plan definido, expresado en una acción continua.
3. Una mente que no permita ninguna influencia negativa o desalentadora, como las sugerencias negativas de familiares, amigos y conocidos.
4. Una alianza amistosa con una o más personas que le estimulen a uno a seguir hasta el final tanto el plan como el propósito.

Estos cuatro pasos son esenciales para triunfar en cualquier profesión.

20 de agosto

El único propósito de los trece principios de esta filosofía es permitirle a uno realizar estos cuatro pasos (*véase* el 19 de agosto) como si fueran un hábito.

Éstos son los pasos con los que uno puede controlar su propio destino económico.

Son los pasos que llevan a la libertad y la independencia del pensamiento.

Son los pasos que conducen a la riqueza, ya sea en grandes o pequeñas cantidades.

Conducen al poder, la fama y el reconocimiento mundial.

Son los cuatro pasos que garantizan «oportunidades» favorables.

Son los pasos que convierten los sueños en una realidad física.

También llevan al dominio del miedo, del desaliento y de la indiferencia.

Hay una recompensa magnífica para quienes aprenden a dar estos cuatro pasos. Se trata del privilegio de trazar el propio recorrido y de hacer que la vida le proporcione lo que le pide.

21 de agosto

¿Qué poder místico da a las personas con perseverancia la capacidad de dominar las dificultades? ¿La cualidad de la perseverancia que hay en la mente de uno provoca algún tipo de actividad espiritual, mental o química que le da a uno acceso a las fuerzas sobrenaturales? ¿La Inteligencia Infinita confía en la persona que sigue luchando después de haber perdido la batalla y que tiene a todo el mundo en el bando opuesto?

Estas y muchas otras preguntas han surgido en mi mente cuando he observado a personas como Henry Ford, que empezó desde cero y construyó un imperio industrial de enormes proporciones, contando con poco más que persistencia. O personas como Thomas A. Edison que, con menos de tres meses de escolarización, se convirtió en el principal inventor mundial y trasformó la persistencia en el fonógrafo, en la cámara cinematográfica y la bombilla incandescente, por no hablar de otro centenar de inventos útiles.

Tuve el gran privilegio de analizar al señor Edison y al señor Ford año tras año durante mucho tiempo y, por consiguiente, hablo con verdadero conocimiento de causa cuando digo que, en los dos casos, no encontré ninguna otra cualidad salvo la persistencia que indicara siquiera remotamente la principal fuente de sus magníficos logros.

22 de agosto

Cuando uno hace un estudio imparcial de profetas, filósofos, personas «milagrosas» y líderes religiosos del pasado, llega a la inevitable conclusión de que la persistencia, la concentración de los esfuerzos y la concreción del propósito fueron el principal origen de sus logros.

23 de agosto

Una de las causas más comunes del fracaso es el hábito de abandonar cuando uno se ve sorprendido por la derrota temporal. Todas las personas cometen este error en un momento u otro.

Más de quinientos de los hombres más exitosos que Estados Unidos ha conocido explicaron al autor que su mayor éxito llegó tan sólo un paso más allá del punto en el que la derrota los había superado.

El fracaso es un embustero con un agudo sentido de la ironía y la astucia. Le produce un gran placer hacer tropezar a uno cuando el éxito está casi a nuestro alcance.

24 de agosto

La determinación de un bulldog y la persistencia en perseguir un solo deseo acribillarán toda oposición y le aportarán a uno la oportunidad que busca.

La mejor parte de todas las ventas que se han realizado se hizo después de que la gente hubiese dicho «no».

25 de agosto

Los psicólogos han dicho con acierto que «cuando uno está realmente preparado para una cosa, hace que aparezca». ¡Qué diferente sería la historia de los hombres si adoptaran un propósito definido y se atuvieran a él hasta que, con el tiempo, se convirtiera en una obsesión perseverante!

26 de agosto

Una de las principales debilidades del género humano es su habitual familiaridad con la palabra «imposible». Conoce todas las reglas que no funcionarán. Conoce todas las cosas que no pueden hacerse. Este libro se escribió para los que buscan las reglas que han permitido que otros tengan éxito y que están dispuestos a jugárselo todo con dichas reglas.

27 de agosto

En esta vida pasamos por dos períodos importantes: uno es el período durante el cual reunimos, clasificamos y organizamos conocimientos, y el otro es ese período en el que luchamos por ser reconocidos. Primero debemos aprender algo que requiere un esfuerzo mayor que el que estamos dispuestos a poner en la tarea, pero después de haber aprendido muchas cosas que pueden ser útiles para los demás, seguimos enfrentándonos al problema de convencerlos de que podemos serles útiles.

Una de las razones más importantes por las que siempre deberíamos, no sólo estar preparados para brindar un servicio, sino también estar dispuestos a hacerlo, es que cada vez que lo hacemos tenemos una oportunidad más para demostrarle a alguien que somos competentes; avanzamos un paso más hacia la meta de obtener el reconocimiento necesario que todos merecemos.

En lugar de decirle al mundo: «Enséñame tu dinero y yo te mostraré lo que puedo hacer», dale la vuelta a la regla y di: «Déjame que te muestre mis servicios para que pueda ver tu dinero, si es que éstos te gustan».

28 de agosto

El líder que desarrolla y dirige con éxito la energía de un Equipo Maestro debe poseer tacto, paciencia, perseverancia, autoconfianza, un profundo conocimiento de la química de la mente y la capacidad de adaptarse (con una desenvoltura y armonía perfectas) para cambiar rápidamente las circunstancias, sin mostrar la menor señal de molestia.

29 de agosto

El lector tiene ahora en su poder la clave del éxito. No tiene más que abrir la puerta del Templo del Conocimiento y entrar en él. Pero debemos ir al Templo, porque él no vendrá a nosotros. Si estas leyes son nuevas para uno, la «ida» no será fácil al principio. Tropezaremos muchas veces, ¡pero debemos seguir adelante! Muy pronto llegaremos a la cima de la montaña que hemos estado subiendo, y contemplaremos en los valles el rico estado del CONOCIMIENTO, que será nuestra recompensa por nuestra fe y esfuerzos.

Todo tiene un precio. No existe la posibilidad de obtener «algo a cambio de nada». En nuestros experimentos con la Ley del Equipo Maestro estamos compitiendo con la Naturaleza en su forma más alta y más noble. No se puede engañar ni estafar a la Naturaleza. Nos dará el objeto de nuestra lucha sólo después de haber pagado su precio, ¡que es un ESFUERZO CONTINUO, IMPLACABLE Y PERSISTENTE!

30 de agosto

Uno nunca llegará a ninguna parte sin perseverancia, y esto es algo que no me cansaré de repetir.

La diferencia entre la perseverancia y la falta de ella es la misma que la diferencia entre desear algo y decidir positivamente que lo conseguiremos.

Para convertirse en una persona de iniciativa uno debe formarse el hábito de seguir el contenido de su objetivo principal definido de una forma agresiva y perseverante hasta que lo haya adquirido, tanto si esto le lleva un año como veinte. Más vale no tener ningún objetivo principal definido que tener uno sin el esfuerzo continuado para alcanzarlo.

31 de agosto

Pensemos en cualquier persona que conozcamos que disfrute del éxito económico y nos dirá que siempre la están buscando, ¡y que siempre le están ofreciendo insistentemente oportunidades para hacer más dinero!

«A aquel que tenga le será dado, pero a aquel que no tenga le será retirado incluso aquello que posee».

Esta cita de la Biblia solía parecerme ridícula, pero qué cierta es cuando uno la reduce a su significado concreto.

Sí, «¡A aquel que tenga le será dado!». Si «tiene» fracaso, falta de seguridad en sí mismo, odio o falta de autocontrol, ¡esas cualidades le serán dadas en cantidades todavía más abundantes! Pero si «tiene» éxito, seguridad en sí mismo, autocontrol, paciencia, perseverancia y determinación, ¡esas cualidades se incrementarán para él!

Septiembre

El noveno paso hacia las riquezas

EL PODER DEL EQUIPO MAESTRO

1 de septiembre

El poder es esencial para triunfar en la acumulación de dinero. Los planes son inertes y carecen de utilidad sin el suficiente poder para traducirlos en acción. El poder puede definirse como un «conocimiento organizado y dirigido de un modo inteligente». El poder, tal y como se utiliza aquí el término, se refiere a un esfuerzo organizado, suficiente para permitir a un individuo convertir su deseo en su equivalente monetario. Un esfuerzo organizado se crea por medio de la coordinación de los esfuerzos de dos o más personas que trabajan para un fin definido en un espíritu de armonía.

2 de septiembre

¡El poder es necesario para la acumulación de dinero! ¡El poder es indispensable para la retención del dinero después de haberlo acumulado!

Averigüemos cómo puede adquirirse el poder. Si el poder es «conocimiento organizado», examinemos las fuentes de conocimiento:

a. Inteligencia Infinita. Podemos contactar con esta fuente de conocimiento con el procedimiento descrito en otro capítulo, con ayuda de la imaginación creativa.

b. Experiencia acumulada. La experiencia acumulada de un individuo (o esa porción que se ha organizado y registrado) puede hallarse en cualquier biblioteca pública bien equipada. Una parte importante de esta experiencia acumulada se enseña en las escuelas y las universidades, donde se ha clasificado y organizado.

c. Experimentación e investigación. En el campo de la ciencia, y prácticamente en cualquier otra disciplina, los profesionales se reúnen, clasifican y organizan cada día nuevos datos. Ésta es la fuente a la que uno debe acudir cuando el conocimiento no está disponible mediante la «experiencia acumulada». Aquí, también, debe utilizarse con frecuencia la imaginación creativa.

3 de septiembre

El conocimiento puede convertirse en poder cuando se organiza en planes definidos y se expresan esos planes en términos de acción.

4 de septiembre

Una revisión de las tres principales fuentes de conocimiento (*véase* 2 de septiembre) revelará rápidamente la dificultad que un individuo tendría si dependiera únicamente de sus esfuerzos para reunir el conocimiento y expresarlo con planes definidos en términos de acción. Si sus planes son exhaustivos y contemplan amplias proporciones, debe, por lo general, inducir a los demás a cooperar con él, antes de poder inyectarles el elemento necesario de poder.

5 de septiembre

El Equipo Maestro puede definirse como: «la coordinación del conocimiento y el esfuerzo en un espíritu de armonía entre dos o más personas para la consecución de un propósito definido».

Ningún individuo puede tener un gran poder sin valerse del Equipo Maestro.

6 de septiembre

Así, para que el lector comprenda mejor las posibilidades «intangibles» del poder que hay a su alcance mediante un Equipo Maestro escogido adecuadamente, explicaremos aquí las dos características del principio del Equipo Maestro, una de las cuales es de naturaleza económica y la otra de naturaleza psíquica. La característica económica es obvia. Las ventajas económicas las puede crear cualquier persona que se rodee de los consejos, el asesoramiento y la cooperación de un grupo de personas que esté dispuesto a proporcionarle su ayuda incondicional, con un espíritu de perfecta armonía. Este tipo de alianza cooperativa ha sido la base de casi toda fortuna. Su comprensión de esta gran verdad puede determinar definitivamente su posición económica.

La fase psíquica del principio del Equipo Maestro es mucho más abstracta y mucho más difícil de comprender, porque se refiere a las fuerzas espirituales con las que la raza humana en general no está muy familiarizada. Tal vez, el lector perciba una sugerencia significativa de esta afirmación: «Dos mentes nunca se unen sin crear una tercera fuerza intangible e invisible que puede compararse a una tercera mente».

7 de septiembre

Cabe no perder de vista el hecho de que sólo se conocen dos elementos en todo el universo: la energía y la materia. Es una realidad muy conocida que la materia puede descomponerse en unidades de moléculas, átomos y electrones. Hay unidades de materia que pueden aislarse, separarse y analizarse.

Asimismo, también hay unidades de energía.

La mente humana es una forma de energía, parte de la cual es de naturaleza espiritual. Cuando las mentes de dos personas se coordinan con un espíritu de armonía, las unidades espirituales de energía de cada mente forman una afinidad, que constituye la fase «psíquica» del Equipo Maestro.

8 de septiembre

Si uno analiza el historial de cualquier persona que haya acumulado una gran fortuna, y de muchos que hayan acumulado fortunas modestas, encontrará que, consciente o inconscientemente, han empleado el principio del Equipo Maestro.

¡No se puede acumular gran poder con ningún otro principio!

9 de septiembre

La energía es la maquinaria universal de la naturaleza para construir los pilares a partir de los cuales construye cualquier cosa material del universo, como las personas y cualquier forma de vida animal y vegetal. Se traduce la energía en materia mediante un proceso que sólo la naturaleza comprende.

Los pilares de la naturaleza están a nuestro alcance por medio de la energía implicada en el pensamiento. El cerebro humano puede compararse con una pila eléctrica: absorbe energía del éter, que impregna todos los átomos de materia y rellena todo el universo. Es un hecho muy conocido que un conjunto de pilas eléctricas proporciona más energía que una sola pila. También es un hecho bien sabido que una pila suministra energía de manera proporcional al número y la capacidad de las células que contiene.

El cerebro funciona de una forma similar. Esto explica el hecho de que algunos cerebros sean más eficientes que otros, y conduce a esta importante afirmación: un conjunto de cerebros coordinados (o conectados) con un espíritu de armonía proporcionarán más energía de pensamiento que un solo cerebro, del mismo modo que un conjunto de pilas suministrará más energía que una sola.

10 de septiembre

Se vuelve obvio el hecho de que el principio maestro contiene el secreto del poder que ejercen las personas que se rodean de otras personas con cerebro.

Cuando un conjunto de cerebros individuales se coordinan y funcionan en armonía, el aumento de energía que se genera con esta alianza se pone al alcance de todos los cerebros individuales del equipo.

11 de septiembre

Apenas me cabe ninguna duda de que Henry Ford fue uno de los hombres mejor informados del mundo de los negocios y la industria. No es necesario discutir la cuestión de su riqueza. Si uno analiza los amigos íntimos del señor Ford estará listo para comprender la siguiente afirmación: «Las personas adoptan la naturaleza, los hábitos y el poder de pensamiento de aquellos con quienes se asocian con un espíritu de solidaridad y armonía».

12 de septiembre

Henry Ford superó la pobreza, la falta de educación y la ignorancia gracias a su alianza con grandes mentes, cuyas vibraciones de pensamiento absorbió a su propia mente. Mediante su
asociación con Edison, Burbank, Burroughs y Firestone, el señor Ford añadió a su propio poder mental la esencia de la inteligencia, la experiencia, el conocimiento y las fuerzas espirituales de estos cuatro hombres. Además, se apropió y utilizó el
principio del Equipo Maestro por medio de los métodos descritos en este libro.

¡Este principio está al alcance del lector!

13 de septiembre

El poder de Mahatma Gandhi era pasivo, pero real. Este magnífico poder puede explicarse en unas pocas palabras. Obtuvo poder a base de inducir a más de 200 millones de personas a coordinarse en mente y cuerpo y con un espíritu de armonía para un propósito definido.

En resumen, Gandhi ha realizado un milagro, porque es un milagro poder persuadir —no obligar— a 200 millones de personas a cooperar con un espíritu de armonía durante un tiempo ilimitado. Si el lector duda de que esto sea un milagro, le aconsejo que trate de inducir a dos personas cualesquiera a cooperar con un espíritu de armonía durante un período de tiempo ilimitado.

14 de septiembre

Cualquier persona que dirige un negocio sabe que es un asunto difícil conseguir que los empleados trabajen conjuntamente con un espíritu siquiera remotamente parecido a la armonía.

La lista de las principales fuentes de las que puede lograrse el poder está, tal y como ha visto el lector, encabezada por la Inteligencia Infinita. Cuando dos o más personas se coordinan con un espíritu de armonía y trabajan hacia un objetivo definido, se sitúan en una posición, gracias a esta alianza, donde pueden absorber el poder directamente del gran almacén universal de la Inteligencia Infinita. Ésta es la mayor de las fuentes de poder. Es la fuente a la que acuden los genios y todo gran líder (tanto si son conscientes como si no).

15 de septiembre

Las otras dos grandes fuentes de las que puede obtenerse el conocimiento necesario para la acumulación de poder no son más ni menos fiables que los cinco sentidos del ser humano. No siempre se puede confiar en los sentidos. La Inteligencia Infinita no se equivoca.

16 de septiembre

El dinero es tan tímido y elusivo como la doncella de antaño. Debe cortejarse y ganarse mediante métodos no muy distintos de los utilizados por un amante decidido a conseguir a la chica de su elección. Y, casualmente, el poder utilizado en el «cortejo» del dinero debe mezclarse con fe. Debe combinarse con deseo. Debe unirse con perseverancia. Debe aplicarse con un plan, y este plan debe llevarse a la acción.

17 de septiembre

Cuando el dinero viene en grandes cantidades, fluye hacia la persona que lo acumula con tanta facilidad como el agua que desciende de una montaña. Existe una gran corriente invisible de poder que puede compararse con un río, excepto por el hecho de que por un lado fluye en una dirección y arrastra a todos los que se hallan en ese lado de la corriente hacia la riqueza, y el otro lado fluye en la dirección opuesta, arrastrando a todos los que son suficientemente desafortunados de entrar en ella (y de no ser capaces de librarse), hacia la miseria y la pobreza.

18 de septiembre

Toda persona que ha acumulado una gran fortuna ha reconocido la existencia de esta corriente de vida. Consiste en el propio proceso de pensamiento. Las emociones del pensamiento positivas forman el lado de la corriente que trasporta a uno a la fortuna. Las emociones negativas forman el lado que lo hace descender a la pobreza.

Si el lector está en el lado de la corriente del poder que lleva a la pobreza, esto puede servir de un remo con el que poder propulsarse hacia el otro lado de la corriente. Sólo puede servirle con su aplicación y uso. Sólo con leer y juzgar, tanto de un modo como de otro, no le beneficiará de ninguna manera.

19 de septiembre

Algunas personas padecen la experiencia de alternar entre los lados positivo y negativo de la corriente, y algunas veces están en el lado positivo y otras en el lado negativo. El crac de Wall Street de 1929 arrastró a millones de personas del lado positivo al lado negativo de la corriente. Estos millones de personas están luchando, algunas con desesperación y miedo, por regresar al lado positivo de la corriente. Este libro se escribió especialmente para ellos.

20 de septiembre

La pobreza y la riqueza a menudo intercambian su puesto. El crac le mostró al mundo esta verdad, a pesar de que el mundo ya no recuerda la lección. La pobreza puede, y generalmente lo hace, ocupar voluntariamente el lugar de la riqueza. Cuando la riqueza ocupa el puesto de la pobreza, el cambio normalmente se efectúa mediante planes bien concebidos y ejecutados con detenimiento. La pobreza no necesita ningún plan. No necesita que nadie la ayude, porque es audaz e implacable. La riqueza es vergonzosa y tímida. Tienen que «atraerse».

Cualquiera puede desear riquezas, y la mayoría de las personas lo hace, pero sólo unos pocos saben que un plan definido, más un deseo imperioso de tener riquezas, son los únicos medios fiables de acumular dinero.

21 de septiembre

El Equipo Maestro es una mente que se desarrolla a través de la cooperación armoniosa de dos o más personas que se alían con el propósito de llevar a cabo una tarea determinada.

Si uno está involucrado en el negocio de la venta puede experimentar de manera rentable con esta Ley del Equipo Maestro en su trabajo diario. Se ha descubierto que un grupo de seis o siete vendedores pueden utilizar la ley con tanta eficacia que sus ventas pueden aumentar en proporciones increíbles.

22 de septiembre

Cuando dos o más personas armonizan sus mentes y producen el efecto conocido como la «mente maestra», cada miembro del grupo adquiere el poder de contactar con los conocimientos y de reunirlos a través de las mentes «subconscientes» de todos los demás. Este poder es inmediatamente perceptible, pues tiene el efecto de estimular la mente y elevar su velocidad de vibración y, por otra parte, se manifiesta en la forma de una imaginación más vívida y la conciencia de lo que parece ser un sexto sentido. A través de este sexto sentido las nuevas ideas llegan «en ráfagas» a la mente. Estas ideas adquieren la naturaleza y la forma del tema que domina la mente de la persona. Si el grupo entero se ha reunido con el propósito de discutir un tema dado, las ideas sobre él llegarán a las mentes de todos los presentes, como si una influencia externa las estuviera dictando. Las mentes de quienes participan en la «mente maestra» se parecen a los imanes, al atraer ideas y estímulos de pensamiento de una naturaleza altamente organizada y práctica, provenientes de... ¡nadie sabe dónde!

23 de septiembre

El proceso de combinación de mentes que se describe aquí como «mente maestra» podría compararse con el acto de alguien que conecta muchas baterías eléctricas a un único cable de trasmisión, con lo que «aumenta» la potencia que fluye por dicha línea. Cada batería añadida incrementa la potencia que pasa por la línea por la cantidad de energía que trasporta la batería. Exactamente eso es lo que ocurre en el caso de la combinación de mentes para formar una «mente maestra». Cada mente, por el principio de la química mental, estimula a las restantes del grupo, hasta que la energía de la mente crece tanto que penetra en la energía universal conocida como éter, y conecta con ella, y ésta, a su vez, entra en contacto con todos los átomos del universo.

24 de septiembre

¡Podemos hacerlo si creemos que es posible! ¿Hemos fracasado muchas veces? ¡Qué afortunados somos! A estas alturas, deberíamos conocer algunas de las cosas que NO debemos hacer.

25 de septiembre

Muchos millones de personas creen poseer la SABIDURÍA. Muchas de ellas sí la poseen, en ciertos niveles elementales, pero nadie puede tener una verdadera sabiduría sin la ayuda del poder conocido como la «mente maestra», y una mente así no puede ser creada si no es a través del principio de combinar dos o más mentes en armonía.

A partir de la combinación y la armonización de dos o más mentes (aparentemente, el número más favorable es el de doce o trece), se puede producir una mente con la capacidad de «sintonizar» con las vibraciones del éter y de recoger de dicha fuente pensamientos afines sobre cualquier tema.

26 de septiembre

Todos los llamados genios probablemente se ganaron su reputación porque, por mera casualidad o de algún otro modo, formaron alianzas con otras mentes, lo cual les permitió «aumentar» sus propias vibraciones mentales hasta el punto en que pudieron entrar en contacto con el vasto Templo del Conocimiento que está grabado y archivado en el éter del universo.

27 de septiembre

Busquemos donde busquemos, allí donde encontremos un gran éxito en los negocios, las finanzas, la industria, o en cualquiera de las profesiones, podemos estar seguros de que detrás del éxito hay un individuo que ha aplicado el principio de la química de la mente, a partir del cual se ha creado un Equipo Maestro. Estos éxitos sobresalientes a menudo parecen ser obra de una sola persona, pero si uno busca con atención podrá encontrar a las otras personas cuyas mentes han sido coordinadas con la suya propia.

Recuerde que dos o más personas pueden utilizar el principio de la química de la mente con el fin de crear un Equipo Maestro.

28 de septiembre

El poder (el potencial humano) es un conjunto de ¡CONO-CIMIENTOS ORGANIZADOS, EXPRESADOS A TRA-VÉS DE ESFUERZOS INTELIGENTES!

No se puede decir que ningún esfuerzo esté ORGANIZA-DO a menos que las personas implicadas en él coordinen sus conocimientos y su energía con un espíritu de perfecta armo-nía. La falta de esta coordinación armoniosa de los esfuerzos es la causa principal de prácticamente todos los fracasos en los negocios.

29 de septiembre

Difícilmente podemos ver las noticias de los acontecimientos de un día sin que haya algún reportaje sobre una fusión de negocios, industrial o económica, que ponga enormes recursos en manos de una empresa y cree así un gran poder.

Un día se trata de un grupo de bancos, otro día es una cadena de ferrocarriles; al día siguiente es una combinación de plantas de acero, todos fusionándose con el propósito de generar poder a través de un esfuerzo sumamente organizado y coordinado.

El conocimiento, de naturaleza general y no organizado, no es PODER; es únicamente potencial de poder: el material a partir del cual se puede desarrollar el auténtico poder.

30 de septiembre

¡No se debe dar por sentado que una «mente maestra» surgirá inmediatamente, como las setas, de todos los grupos de mentes que pretendan coordinarse en un espíritu de ARMONÍA!

La armonía es el núcleo a cuyo alrededor se debe desarrollar el estado de la mente conocido como «mente maestra». Sin este elemento no puede haber una «mente maestra», una verdad que nunca se repetirá lo suficiente.

Octubre

El décimo paso hacia las riquezas

EL MISTERIO DE LA TRASMUTACIÓN DEL SEXO

1 de octubre

El significado de la palabra «trasmutar» es, en un lenguaje simple, «el cambio o la trasferencia de un elemento o forma de energía a otro».

La emoción del sexo crea un estado mental. Debido a la ignorancia sobre el tema y a las inadecuadas influencias a las que la mayoría de las personas han estado expuestas en su adquisición de conocimientos sobre el sexo, las cosas esencialmente físicas han predispuesto en gran medida a la mente.

La emoción del sexo esconde tres posibilidades constructivas, que son las siguientes:

1. La perpetuación del género humano.
2. El mantenimiento de la salud (como agente terapéutico no tiene equivalente).
3. La trasformación de la mediocridad en genialidad, por medio de la trasmutación.

2 de octubre

La trasmutación del sexo es simple y fácil de explicar. Significa el cambio mental de pensamientos de expresión física en pensamientos de otra naturaleza.

El deseo sexual es el deseo humano más poderoso. Cuando uno está motivado por este deseo, desarrolla una agudeza de imaginación, coraje, fuerza de voluntad, persistencia y capacidad creativa desconocido para él hasta el momento.

3 de octubre

Tan fuerte e imperioso es el deseo de contacto sexual, que los hombres ponen en riesgo su propia vida y reputación para satisfacerlo. Cuando se domina y se redirige hacia otras áreas, esta fuerza motivadora mantiene todos sus atributos de agudeza de la imaginación, coraje, etcétera, que pueden usarse como poderosas fuerzas creativas en literatura, arte o en cualquier otra profesión o vocación, entre las que se incluye, por supuesto, la acumulación de riquezas.

4 de octubre

La trasmutación de la energía sexual exige el ejercicio de la fuerza de voluntad, pero la recompensa hace que merezca la pena el esfuerzo. El deseo de la expresión sexual es innato y natural. El deseo no puede y no debería ocultarse o eliminarse, pero debería dársele una salida mediante formas de expresión que enriquezcan el cuerpo, la mente y el espíritu de la persona. Si no se le da esta forma de salida, mediante la trasmutación, buscará sus propias salidas por canales puramente físicos.

5 de octubre

Un río se puede represar y se puede controlar su agua durante un tiempo, pero finalmente forzará una salida. Lo mismo ocurre con la emoción del sexo. Puede sumergirse y controlarse durante un tiempo, pero su misma naturaleza hace siempre esté buscando medios para expresarse. Si no se convierte en algún tipo de esfuerzo creativo, encontrará una salida menos loable.

Afortunada es la persona que ha descubierto cómo darle una salida a la emoción sexual mediante alguna forma de esfuerzo creativo, pues con este descubrimiento ha ascendido a la posición de un genio.

6 de octubre

La investigación científica ha revelado estos importantes hechos:

1. Los hombres que han alcanzado mayores logros son hombres con una naturaleza sexual muy desarrollada, hombres que han aprendido el arte de la trasmutación del sexo.
2. Los hombres que han acumulado grandes fortunas y conseguido un magnífico reconocimiento en literatura, arte, industria, arquitectura y demás profesiones, estuvieron motivados por la influencia de una mujer.

La investigación a partir de la que se hicieron estos sorprendentes descubrimientos se basó en páginas de biografías y de historia de hace más de dos mil años. Las pruebas disponibles en relación con las vidas de hombres y mujeres de grandes logros han indicado de manera convincente que éstos poseían un gran desarrollo de su naturaleza sexual.

7 de octubre

La emoción del sexo es una «fuerza irresistible» contra la cual no puede haber una oposición como la de un «cuerpo inamovible». Cuando las personas están motivadas por esta emoción, se hallan dotadas de un superpoder para la acción. Si el lector comprende esta verdad, entenderá la importancia de la afirmación de que la trasmutación del sexo le permite a uno ascender a la categoría de genio.

8 de octubre

La emoción del sexo contiene el secreto de la capacidad creativa. La destrucción de las glándulas sexuales, tanto de un hombre como de un animal, elimina la mayor fuente de acción. Para obtener pruebas de ello, el lector puede observar lo que le ocurre a cualquier animal que ha sido castrado. Un toro se vuelve tan dócil como una vaca después de haber sido alterado sexualmente. La alteración sexual priva al macho, tanto si es un hombre como un animal, de toda la capacidad de lucha que había en él. La alteración sexual de la hembra tiene el mismo efecto.

9 de octubre

La mente humana responde a estímulos mediante los cuales puede «tensionarse» a niveles más elevados de vibración, conocidos como entusiasmo, imaginación creativa, deseo intenso, etcétera. Los estímulos a los que responde más fácilmente son los siguientes:

1. Deseo de expresión sexual.
2. Amor.
3. Deseo ardiente de tener fama, poder, ganancias económicas o dinero.
4. Música.
5. Amistad con personas del mismo sexo o con personas del sexo contrario.
6. Una alianza mente maestra basada en la armonía de dos o más personas que se unen por un progreso espiritual o temporal.
7. Sufrimiento mutuo, como el que experimentan las personas perseguidas.
8. Autosugestión.
9. Miedo.
10. Estupefacientes y alcohol.

10 de octubre

El deseo de la expresión sexual encabeza la lista de estímulos porque es el que «aumenta» más eficazmente las vibraciones de la mente y pone en marcha las «ruedas» de la acción física. De estos estímulos (*véase* la lista de 9 de octubre), ocho son naturales y dos son destructivos. Se ha presentado aquí la lista con el fin de permitir al lector hacer un estudio comparativo de las principales fuentes de estimulación mental. En este estudio podrá ver fácilmente que la emoción del sexo es, sin lugar a dudas, el estímulo de la mente más intenso y poderoso de todos.

Esta comparación es necesaria como prueba de la afirmación de que la trasmutación de la energía sexual puede elevar a uno a la posición de genio.

11 de octubre

Descubramos qué es lo que constituye a un genio.

Algunos sabiondos dicen que un genio es un hombre que «tiene el pelo largo, se alimenta de forma extraña, vive solo y es el blanco de los bromistas». Una mejor definición de un genio es «un hombre que ha descubierto cómo aumentar las vibraciones del pensamiento hasta tal punto que puede comunicarse libremente con fuentes de conocimiento no disponibles mediante la velocidad normal de vibración del pensamiento».

12 de octubre

El vendedor que sabe cómo apartar de sus pensamientos el tema del sexo y dirigirlos al intento de vender con el mismo entusiasmo y determinación que aplicaría a su propósito original, ha adquirido el arte de la trasmutación sexual, lo sepa o no. La mayoría de los vendedores que trasmutan su energía sexual lo hacen sin ser nada conscientes de lo que están haciendo o de cómo lo están haciendo.

13 de octubre

El «genio» se desarrolla por medio del sexto sentido. La realidad de un «sexto sentido» está completamente bien fundada. Este sexto sentido es la «imaginación creativa». La facultad de la imaginación creativa es algo que la mayoría de las personas no utilizan nunca a lo largo de su vida, y si lo hacen normalmente ocurre por mero accidente. Un número relativamente pequeño de personas la utilizan con deliberación y un propósito premeditado. Los genios son aquellos que utilizan esta facultad de forma voluntaria y comprenden sus funciones.

14 de octubre

La facultad de la imaginación creativa es el vínculo directo entre la mente finita del ser humano y la Inteligencia Infinita. Todas las llamadas revelaciones del reino de la religión y todos los descubrimientos de principios básicos o nuevos en el campo de la invención ocurren gracias a la facultad de la imaginación creativa.

15 de octubre

Cuando las ideas o conceptos destellan en la mente de uno por medio de lo que popularmente se llama «corazonada», proceden de una o más de las siguientes fuentes:

1. de la Inteligencia Infinita;
2. del propio subconsciente, en donde se almacena toda impresión sensorial e impulso del pensamiento con que ha contactado el cerebro por medio de cualquiera de los cinco sentidos;
3. de la mente de alguna otra persona que acabe de liberar el pensamiento, la imagen de la idea o el concepto, por medio del pensamiento consciente, o
4. del almacén subconsciente de otra persona.

No existen más fuentes conocidas de las que puedan recibirse las ideas «inspiradoras» o las «corazonadas».

16 de octubre

La imaginación creativa funciona mejor cuando la mente está vibrando (por alguna forma de estimulación mental) a un ritmo excesivamente elevado. Esto es, cuando la mente está funcionando a una velocidad de vibración mayor que la del pensamiento normal y ordinario.

Estimular la acción cerebral con uno o más de los diez estímulos de la mente tiene el efecto de elevar al individuo muy por encima del horizonte del pensamiento ordinario y le permite imaginar la distancia, el alcance y la cualidad de los pensamientos no disponibles en un plano inferior, como el que uno ocupa cuando está atareado con la solución de problemas de negocios y de rutina profesional.

17 de octubre

Cuando un individuo se alza a este nivel más elevado de pensamiento mediante cualquier forma de estimulación mental,
ocupa casi la misma posición que otro que ha ascendido en un
avión hasta una altura desde la que puede ver por encima y
más allá de la línea del horizonte que limita su visión cuando
está en tierra. Además, mientras está en este nivel superior de
pensamiento, el individuo no se ve obstaculizado ni limitado
por ninguno de los estímulos que circunscriben y limitan su
visión mientras lucha contra los problemas de conseguir las
tres necesidades básicas de alimento, ropa y refugio. Está en un
mundo mental en el que los pensamientos ordinarios y comunes se han eliminado tan eficazmente como las montañas, los
valles y otras limitaciones de la visión física cuando uno vuela
en avión.

18 de octubre

Mientras se halla en este plano elevado de pensamiento, la facultad creativa de la mente tiene toda la libertad de actuar. El camino se ha despejado para que funcione el sexto sentido y se ha vuelto receptivo a ideas que el individuo no podía alcanzar en otras circunstancias. El «sexto sentido» es la facultad que marca la diferencia entre un genio y un individuo corriente.

La facultad creativa se vuelve más atenta y receptiva a las vibraciones que se originan fuera del subconsciente del individuo, y ello sucede en mayor medida cuanto más se utiliza, cuanto más confía en ella el individuo y cuantas más exigencias plantea en forma de impulsos del pensamiento. Esta facultad puede cultivarse y desarrollarse sólo con el uso.

19 de octubre

Aquello que llamamos «conciencia» opera completamente mediante la facultad del sexto sentido.

Los grandes artistas, escritores, músicos y poetas se hicieron grandes porque adquirieron el hábito de apoyarse en la «pequeña voz silenciosa» que habla desde el interior, mediante la facultad de la imaginación creativa. Las personas que tienen la imaginación «aguda» saben muy bien que sus mejores ideas aparecen por medio de «corazonadas».

20 de octubre

Hay un gran orador que no logra la grandeza hasta que cierra los ojos y empieza a apoyarse enteramente en la facultad de la imaginación creativa. Cuando se le preguntó por qué cerraba los ojos justo antes del clímax de su oratoria, contestó: «Lo hago porque entonces trasmito ideas que vienen a mí desde el interior».

Uno de los financieros más exitosos y mejor conocidos de Estados Unidos tenía el hábito de cerrar los ojos durante dos o tres minutos antes de tomar una decisión. Cuando le preguntaron por qué lo hacía, respondió: «Con los ojos cerrados soy capaz de aprovechar una fuente de inteligencia superior».

21 de octubre

El doctor Elmer R. Gates creó más de doscientas patentes útiles mediante el proceso de cultivar y usar la facultad creativa. Su método es significativo y cautivador para el que esté interesado en alcanzar el estatus de genio.

En su laboratorio tenía lo que llamaba su «sala de comunicación personal». Estaba equipada con una pequeña mesa en la que tenía un bloc de notas. Cuando el doctor Gates deseaba aprovechar las fuerzas que estaban a su alcance por medio de su imaginación creativa, iba a su sala, se sentaba a la mesa, apagaba las luces y se concentraba en los factores conocidos del invento en el que estuviera ocupado, y permanecía en esa posición hasta que las ideas respecto a los factores desconocidos del invento empezaban a «destellar» en su mente. En una ocasión, las ideas aparecieron con tanta velocidad que se vio obligado a escribir durante casi tres horas. Cuando los pensamientos dejaron de fluir y examinó sus apuntes, vio que contenían una descripción minuciosa de principios que no tenían parangón en los datos conocidos del mundo científico. Además, se le presentó de manera inteligente en esas notas la respuesta a su problema. De esta forma, el doctor Gates completó más de doscientas patentes.

22 de octubre

La facultad de razonamiento a menudo es defectuosa porque se basa en gran medida en la propia experiencia acumulada. No todo el conocimiento que uno acumula mediante la «experiencia» es adecuado. Las ideas que se reciben por medio de la facultad creativa son mucho más fiables, por el hecho de que vienen de fuentes más confiables que cualquier otra que esté al alcance de la facultad de razonamiento de la mente.

La principal diferencia entre el genio y el «excéntrico» inventor corriente se halla en el hecho de que el genio trabaja con su facultad de la imaginación creativa, mientras que el «excéntrico» no sabe nada acerca de ella. El inventor científico hace uso tanto de la facultad sintética como de la facultad creativa de la imaginación.

23 de octubre

El inventor científico o «genio» empieza un invento con la elaboración y la combinación de ideas o principios conocidos que se han ido acumulando a lo largo de la experiencia, por medio de la facultad sintética (la facultad de razonamiento). Si encuentra que este conocimiento acumulado no es suficiente para terminar su invento, entonces aprovecha las fuentes de conocimiento que tiene a su alcance gracias a su facultad creativa. El método mediante el que lo hace es distinto para cada individuo, pero esto es lo más importante del procedimiento:

1. Estimula su mente de modo que vibra en un plano superior al promedio, usando uno o más de los diez estimulantes de la mente o algún otro estimulante de su elección.

2. Se concentra en los factores conocidos (la parte terminada) de su invención y crea en su mente una imagen perfecta y la guarda en su mente hasta que el subconsciente se encarga de ella, luego se relaja eliminando todos los pensamientos de su mente y espera a que su respuesta «destelle» en su mente.

Algunas veces los resultados son definidos e inmediatos. En otras ocasiones los resultados son negativos, dependiendo del estado de desarrollo del «sexto sentido» o facultad creativa.

24 de octubre

Hay gran cantidad de pruebas fiables de la existencia de la facultad de la imaginación creativa. Esta evidencia está disponible mediante un análisis adecuado de los hombres que se han convertido en líderes de sus respectivas profesiones, sin haber tenido una extensa educación. Lincoln fue un ejemplo notable de un gran líder que alcanzó la grandeza mediante el descubrimiento y el uso de su facultad de la imaginación creativa. Él descubrió y empezó a usar esta facultad a raíz de la estimulación amorosa que experimentó después de conocer a Anne Rutledge, una declaración muy importante en relación con el estudio de las fuentes del genio.

25 de octubre

La intemperancia en los hábitos sexuales es igual de perjudicial que abusar del hábito de beber y comer. En esta etapa en que vivimos, una etapa que empezó con la Primera Guerra Mundial, la intemperancia en los hábitos sexuales es habitual. Esta ola de indulgencia puede explicar la disminución de grandes líderes. Ninguna persona puede aprovecharse de las fuerzas de su imaginación creativa mientras las está disipando. El ser humano es el único organismo en la tierra que quebranta el propósito de la naturaleza a este respecto. Los demás animales complacen su naturaleza sexual con moderación y con un propósito que está en armonía con las leyes de la naturaleza. Todos los animales responden a la llamada del sexo sólo «a temporadas». La tendencia del ser humano es declarar la «temporada abierta».

Cualquier persona inteligente sabe que la estimulación en exceso por medio de bebidas alcohólicas y estupefacientes es una clase de intemperancia que destruye los órganos vitales del cuerpo, entre ellos el cerebro. No todas las personas saben, sin embargo, que excederse en la expresión sexual puede convertirse en un hábito tan destructivo y perjudicial para el esfuerzo creativo como los estupefacientes o el alcohol.

26 de octubre

¡La mente humana responde a estímulos! Entre los más importantes y poderosos está el impulso sexual. Cuando se domina y trasmuta, la fuerza motriz es capaz de alzar a las personas a una esfera superior de pensamiento que les permite dominar las fuentes de preocupación y fastidios insignificantes que acucian su sendero del plano inferior.

Desafortunadamente, sólo los genios han hecho este descubrimiento. Otros han aceptado la experiencia del impulso sexual sin descubrir una de sus posibilidades más importantes: un hecho que explica el gran número de «otros» en comparación con el limitado número de genios.

27 de octubre

El camino del genio consiste en el desarrollo, el control y el uso del sexo, el amor y el romanticismo. En resumen, el proceso puede describirse como sigue:

Fomentar la presencia de estas emociones como pensamientos dominantes de la propia mente y oponerse a la presencia de todas las emociones destructivas. La mente funciona por medio de hábitos. Prospera con los pensamientos dominantes con que se alimenta. Mediante la facultad de la fuerza de voluntad, uno puede rechazar la presencia de algunas emociones y fomentar la de otras. Controlar la mente por medio de la fuerza de voluntad no es difícil. El control se desarrolla con la persistencia y el hábito. El secreto del control yace en la comprensión del proceso de trasmutación. Cuando una emoción negativa se presenta en la mente de uno, puede convertirse en una emoción positiva o constructiva con el simple procedimiento de modificar los propios pensamientos.

28 de octubre

La energía sexual es la energía creativa de todos los genios. Nunca ha existido, y nunca existirá un gran líder, constructor o artista que carezca de la fuerza motriz del sexo.

¡Nadie debe interpretar erróneamente que estas afirmaciones significan que todos los que tienen un elevado desarrollo sexual son genios! Las personas alcanzan la categoría de genio sólo si estimulan su mente para que ésta aproveche las fuerzas disponibles mediante la facultad creativa de la imaginación. El mayor de los estímulos con los puede producirse este «aumento» de las vibraciones es la energía sexual. La mera posesión de esta energía no es suficiente para crear un genio. A fin de que alguien ascienda a la categoría de genio, esta energía debe trasmutarse desde un deseo por tener contacto físico a alguna otra forma de deseo y actividad.

Lejos de convertirse en genios, la mayoría de los hombres, por sus grandes deseos sexuales, se reducen a sí mismos a la categoría de animales inferiores debido a una mala comprensión y un mal uso de esta gran fuerza.

29 de octubre

Las personas rara vez prosperan antes de los cuarenta años. A partir de un análisis de más de veinticinco mil personas, descubrí que las personas que triunfaban de forma sobresaliente rara vez lo hacían antes de los cuarenta años, y muy a menudo no daban su verdadero paso hasta mucho más allá de los cincuenta años.

Este hecho me resultó tan sorprendente que me impulsó a seguir con más detenimiento el estudio de sus causas, llevándome a una investigación que duró más de doce años.

Dicho estudio reveló el hecho de que la principal razón por la que la mayoría de personas que prosperan no empiezan a hacerlo antes de las edades comprendidas entre los cuarenta y los cincuenta, es por su tendencia a disipar sus energías por medio del abuso de la expresión física de la emoción sexual.

La mayoría de las personas nunca aprenden que el deseo sexual tiene otras posibilidades, que con mucho superan en importancia las de la mera expresión física. Una gran parte de los que hacen este descubrimiento lo hacen después de haber malgastado muchos años de un período en el que la energía sexual estaba en su máximo esplendor, antes de los cuarenta y cinco o cincuenta años. Normalmente a ello le siguen logros notables.

Las vidas de muchas personas de cuarenta años, y de algunas con bastantes años más, reflejan una continua disipación de energías que podrían haber sido más provechosas si las hubieran dirigido hacia otros canales. Esparcen salvajemente sus mejores y más poderosas emociones a los cuatro vientos. De este hábito del macho surgió la expresión «salir de picos pardos».

30 de octubre

El deseo de la expresión sexual es con mucho la emoción humana más fuerte e impulsiva y, por esta misma razón, este deseo, cuando se domina y convierte en una acción distinta de la expresión física, puede elevar a uno a la categoría de genio.

La naturaleza ha preparado sus propias pociones con las que las personas pueden estimular a salvo sus mentes para poder vibrar en un plano que les permita sintonizar con pensamientos buenos y extraños que provienen de... ¡nadie sabe de dónde! Jamás se ha encontrado ningún sustituto satisfactorio de los estimulantes de la naturaleza.

Las emociones humanas gobiernan el mundo y determinan el destino de la civilización. Las acciones de las personas no están tan influidas por la razón como por los «sentimientos». La facultad creativa de la mente se pone en acción únicamente a causa de las emociones, y no de un razonamiento frío. La emoción humana más poderosa de todas es la del sexo. Existen otros estimulantes mentales, algunos de los cuales ya se han nombrado, pero ninguno de ellos, ni todos combinados, pueden igualar la fuerza motriz del sexo.

31 de octubre

¡No hay otro camino para ser un genio que el que exige un esfuerzo voluntario! Una persona puede alcanzar grandes alturas de logros financieros o empresariales sólo con la fuerza motriz de la energía sexual, pero la historia está repleta de pruebas de que tal vez, y normalmente así ocurre, lleve consigo algunos rasgos de carácter que le priven de la capacidad de mantener o disfrutar su fortuna.

La emoción del amor provoca y desarrolla la naturaleza artística y estética del ser humano. Deja su huella en el alma de cada uno incluso después de que el fuego se haya atenuado con el tiempo y las circunstancias.

El amor es, sin lugar a dudas, la mayor experiencia de la vida. Permite a uno entrar en comunión con la Inteligencia Infinita. Cuando se mezcla con las emociones del romanticismo y el sexo, puede elevar a uno mucho más allá de la escalera del esfuerzo creativo. Las emociones del amor, el sexo y el romanticismo son lados del triángulo eterno del genio capaz de construir logros. La naturaleza no crea a los genios mediante ninguna otra fuerza.

Noviembre

El onceavo paso hacia las riquezas

EL SUBCONSCIENTE / EL CEREBRO

1 de noviembre

El subconsciente consiste en un campo de conciencia en el que todo impulso de pensamiento que alcanza la mente objetiva por medio de cualquiera de los cinco sentidos se clasifica y graba, y en el que se pueden recordar o retirar los pensamientos del mismo modo que pueden cogerse las cartas de un fichero. Recibe y archiva las impresiones o pensamientos sensoriales independientemente de su naturaleza. Uno puede implantar en su subconsciente cualquier plan, pensamiento o propósito que desee traducir a su equivalente físico o monetario.

2 de noviembre

El subconsciente actúa primero con los deseos dominantes que se han mezclado con sentimientos emotivos, como la fe. El subconsciente trabaja día y noche. Por medio de un procedimiento desconocido para el ser humano, el subconsciente aprovecha las fuerzas de la Inteligencia Infinita para el poder con el que trasmuta voluntariamente los propios deseos en su equivalente físico, haciendo siempre uso de los medios más prácticos con los que puede cumplir este fin.

3 de noviembre

Uno no puede controlar completamente su subconsciente, pero sí puede entregarle a voluntad cualquier plan, deseo o propósito que desee trasformar en una forma concreta. Hay muchas pruebas que respaldan la creencia de que el subconsciente es el vínculo entre la mente finita del ser humano y la Inteligencia Infinita. Es el pensamiento intermediario mediante el que uno puede aprovechar las fuerzas de la Inteligencia Infinita a voluntad. Por sí solo contiene el proceso secreto con el que se modifican y cambian los impulsos mentales en su equivalente espiritual. Por sí solo es el medio por el cual puede trasmitirse el rezo a la fuente capaz de responder a él.

4 de noviembre

Las posibilidades del esfuerzo creativo conectado al subconsciente son grandiosas e imponderables. A uno le inspiran respeto.

Nunca abordo el tema del subconsciente sin experimentar un sentimiento de pequeñez e inferioridad debido, quizás, al hecho de que toda la provisión de conocimiento de una persona sobre este tema es demasiado limitada. El hecho de que el subconsciente sea el medio de comunicación entre la mente reflexiva del ser humano y la Inteligencia Infinita es, en sí mismo, una idea que casi paraliza el propio juicio.

5 de noviembre

Cuando uno haya aceptado como una realidad la existencia del subconsciente y comprenda sus posibilidades como medio para trasmutar sus deseos en su equivalente físico o monetario, comprenderá plenamente el significado de las instrucciones de los seis pasos expuestos a principios de este libro (*véase* página 11 y 12). También entenderá por qué se le ha advertido repetidamente que clarifique sus deseos y los ponga por escrito y que es necesario ser persistentes a la hora de ejecutar las instrucciones.

Los trece principios son los estímulos con los que uno adquiere la capacidad de llegar e influir en el subconsciente. El lector no debe desanimarse si no lo consigue en el primer intento, debe recordar que el subconsciente puede dirigirse voluntariamente sólo mediante el hábito. Todavía no ha tenido tiempo de dominar la fe. Debe ser paciente y persistente.

6 de noviembre

Cabe recordar que el subconsciente funciona voluntariamente tanto si uno hace algún esfuerzo para influir en él como si no lo hace. Esto, por supuesto, supone que los pensamientos relacionados con el miedo y la pobreza, y todos los pensamientos negativos, sirven de estímulos para el subconsciente a menos que uno domine estos impulsos y los nutra con alimentos más deseables.

7 de noviembre

¡El subconsciente no se quedará de brazos cruzados! Si no logra implantar deseos en su subconsciente, éste se alimentará de los pensamientos que le lleguen como resultado de su negligencia. Ya hemos explicado que los impulsos de pensamiento, ya sean negativos o positivos, llegan al subconsciente continuamente.

Recuerde que está viviendo diariamente rodeado de todo tipo de impulsos de pensamiento que llegan a su subconsciente sin que lo sepa. Algunos de estos impulsos son negativos y otros son positivos. Ahora está ocupado tratando de cerrar el paso a los impulsos negativos y de ayudar a influir voluntariamente en su subconsciente mediante impulsos positivos de deseo. Cuando lo consiga, tendrá en su posesión la llave que abre la puerta a su subconsciente. Además, controlará la puerta tan decididamente que ningún pensamiento indeseable influirá en su subconsciente.

8 de noviembre

Todo lo que crea el ser humano empieza en forma de un impulso de pensamiento. Las personas no pueden crear nada sin primero concebir alguna idea en su pensamiento. Con ayuda de la imaginación, los impulsos de pensamiento pueden articularse en planes. Cuando la imaginación está bajo control, puede utilizarse para crear planes o propósitos que conduzcan al éxito en la profesión elegida.

9 de noviembre

Todos los impulsos del pensamiento, destinados a convertirse en su equivalente físico, e implantados voluntariamente en el subconsciente, deben pasar a través de la imaginación y mezclarse con la fe. La «combinación» de la fe con un plan o propósito que vaya a presentarse al subconsciente puede hacerse sólo mediante la imaginación. De estas afirmaciones, el lector observará fácilmente que el uso voluntario del subconsciente requiere la coordinación y aplicación de todos los principios.

10 de noviembre

Ella Wheeler Wilcox mostró su comprensión del poder del subconsciente cuando escribió:

«No se puede adivinar si un pensamiento traerá odio o amor porque los pensamientos son cosas, y sus aireadas alas son más veloces que las palomas. Siguen la ley universal: cada cosa crea a su semejante, y se apresuran en el camino para traerle de nuevo todo aquello que salió de su mente».

La señora Wilcox comprendió la verdad de que los pensamientos que salen de la mente de uno también se entierran profundamente en el subconsciente, donde funcionan como un imán, patrón o plano que influye en el subconsciente mientras los traduce en su equivalente físico. Los pensamientos verdaderamente son cosas, por el hecho de que todo objeto material empieza en forma de pensamiento o energía.

11 de noviembre

El subconsciente es más susceptible a la influencia de impulsos de pensamiento mezclados con «sentimientos» o emociones, que a los que únicamente se originan en la parte reflexiva de la mente. De hecho, existen numerosas pruebas que respaldan esta teoría de que sólo los pensamientos emotivos tienen alguna influencia en el subconsciente. Es un hecho conocido que las emociones o los sentimientos dominan a la mayoría de las personas. Si es cierto que el subconsciente responde más rápidamente a los impulsos de pensamiento que están mezclados con emociones y se deja influir con más facilidad por éstos, es necesario familiarizarse con las emociones más importantes.

12 de noviembre

Las emociones negativas se introducen voluntariamente en los impulsos de pensamiento y se aseguran así su pasaje al subconsciente. Las emociones positivas deben introducirse, mediante el principio de autosugestión, en los impulsos de pensamiento que desea un individuo llevar a su subconsciente.

Estas emociones o impulsos sentimentales pueden compararse a la levadura de una barra de pan, porque constituyen el elemento activo que trasforma los impulsos de pensamiento de un estado pasivo a uno activo. De este modo, uno puede comprender por qué el subconsciente puede actuar más fácilmente con los impulsos de pensamiento que se han mezclado bien con emociones que con los impulsos originados en un «razonamiento frío».

13 de noviembre

El lector se está preparando para influir en el «público interno» de su subconsciente y para controlarlo, a fin de entregarle el deseo de dinero, que quiere convertir en su equivalente monetario. Es esencial, por consiguiente, que entienda el método de aproximación a este «público interno». Debe hablar su idioma o, de lo contrario, no prestarán atención a su llamada. Este público comprende mejor el lenguaje de la emoción o el sentimiento.

LAS SIETE GRANDES EMOCIONES POSITIVAS

La emoción del deseo
La emoción de la fe
La emoción del amor
La emoción del sexo
La emoción de entusiasmo
La emoción del romanticismo
La emoción de la esperanza

Existen otras emociones positivas, pero estas siete son las más poderosas y las que se usan más habitualmente en el esfuerzo creativo. Si uno domina estas siete emociones (lo cual sólo puede hacerse a través de la práctica), las demás emociones positivas estarán a sus órdenes cuando las necesite. Recuerde, respecto a esto, que está leyendo un libro que pretende ayudarle a desarrollar «conciencia del dinero» a base de llenar la mente de emociones positivas.

15 de noviembre

LAS SIETE GRANDES EMOCIONES NEGATIVAS
(que deben evitarse)

La emoción del miedo
La emoción de la envidia
La emoción del odio
La emoción de la venganza
La emoción de la codicia
La emoción de la superstición
La emoción de la ira

Las emociones positivas y negativas no pueden ocupar la mente al mismo tiempo. Debe dominar una de las dos. Uno no adquiere conciencia del dinero si se llena la mente de emociones negativas.

16 de noviembre

Es responsabilidad de cada uno asegurarse de que las emociones positivas constituyen la influencia dominante de su mente. En este punto acudirá en su ayuda la ley del hábito. ¡Instauremos el hábito de aplicar y utilizar las emociones positivas! Al final, dominarán tan plenamente la propia mente que las emociones negativas no podrán entrar.

17 de noviembre

La presencia de una emoción negativa en su consciente es suficiente para destruir todas las posibilidades de ayudas constructivas de su subconsciente.

Si el lector es una persona observadora, se habrá dado cuenta de que la mayoría de las personas recurren al rezo ¡sólo después de que hayan fallado todos los demás métodos! O de lo contrario están rezando según un ritual de palabras sin significado. Y, dado que es una realidad que la mayoría de las personas que rezan lo hacen sólo después de que todo lo demás no ha funcionado, van a rezar con la mente llena de temores y dudas, que son las emociones sobre las cuales actúa el subconsciente y trasmite a la Inteligencia Infinita. Asimismo, ésta es la emoción que recibe la Inteligencia Infinita y sobre la cual actúa. Si uno reza por algo, pero durante el rezo tiene miedo de no poder recibirlo o de que la Inteligencia Infinita no actúe sobre su plegaria, ésta habrá sido en vano.

18 de noviembre

El rezo a veces resulta en la realización de aquello por lo que uno reza. Si el lector alguna vez ha vivido la experiencia de recibir algo por lo que ha rezado, puede evocar a ese recuerdo y recordar su verdadero estado mental mientras estaba rezando, y sabrá, sin lugar a dudas, que la teoría aquí descrita es más que una teoría.

19 de noviembre

En algún momento ocurrirá que las escuelas y las instituciones educativas de Estados Unidos enseñarán la «ciencia de la oración». Además, el rezo podrá ser y será reducido a una ciencia. Cuando llegue ese momento, nadie se aproximará a la Mente Universal en un estado de temor, por la excelente razón de que no existirá la emoción del miedo. La ignorancia, la superstición y la falsa enseñanza habrán desaparecido, y las personas habrán alcanzado su verdadera posición de descendientes de la Inteligencia Infinita. Algunos ya han alcanzado esta bendición.

Si el lector cree que esta profecía es exagerada, puede echarle un vistazo a la historia de la raza humana. Hace menos de cien años, las personas creían que los relámpagos eran una muestra de la cólera de Dios y los temían. Ahora, gracias al poder de la fe, las personas han aprovechado los relámpagos para hacer girar las ruedas de la industria.

20 de noviembre

No existen barreras de peaje entre la mente finita del ser humano y la Inteligencia Infinita. La comunicación no cuesta nada sino paciencia, fe, persistencia, comprensión y un deseo sincero de comunicarse. Además, la aproximación sólo puede realizarla un individuo por sí mismo. Las oraciones pagadas no tienen ninguna utilidad. La Inteligencia Infinita no negocia por el poder. O uno va directo o no logrará comunicarse.

Uno puede comprarse libros de oraciones y repetirlas hasta el día de su muerte sin que tengan ninguna utilidad. Los pensamientos que desea comunicar a la Inteligencia Infinita deben someterse a una trasformación que sólo puede efectuar mediante su subconsciente.

21 de noviembre

El método mediante el que uno puede comunicarse con la Inteligencia Infinita es muy parecido al de la comunicación de la vibración del sonido por radio. Si se comprende el principio funcional de la radio, sin duda, sabe que el sonido no puede comunicarse a través del éter hasta que ha «ascendido» o ha cambiado a una frecuencia de vibración que el oído humano no puede detectar. La emisora de radio recoge el sonido de la voz humana y lo «mezcla» o modifica con un aumento de la vibración de millones de veces. Sólo de este modo puede comunicar la vibración del sonido a través del éter. Cuando ha tenido lugar esta trasformación, el éter «recoge» la energía (que originalmente estaba en forma de vibraciones del sonido) y la trasporta a las emisoras de radio, y éstas devuelven a esta energía su frecuencia de vibración original de modo que se reconoce como un sonido.

22 de noviembre

El subconsciente es el intermediario que traduce las oraciones en términos que la Inteligencia Infinita puede identificar, presenta el mensaje y devuelve la respuesta en forma de plan o idea definido que procure el objeto de la oración. Si uno comprende este principio, sabrá por qué las meras palabras leídas de un libro de oraciones no pueden ni nunca podrán funcionar como agentes de la comunicación entre la mente del ser humano y la Inteligencia Infinita.

Antes de que la oración alcance la Inteligencia Infinita (es sólo una afirmación de mi teoría) es probable que trasforme su vibración de pensamiento original en términos de vibración espiritual. La fe es el único agente conocido que le puede dar a los pensamientos una naturaleza espiritual. La fe y el miedo no son buenos compañeros. Donde se encuentra uno el otro no puede existir.

23 de noviembre

Hace más de veinte años trabajé conjuntamente con el difunto doctor Alexander Graham Bell y el doctor Elmer R. Gates, y observamos que todo cerebro de un ser humano es, a la vez, una estación emisora y receptora de la vibración del pensamiento.

A través del éter, hasta cierto punto similar al que utiliza el principio de la emisora de una radio, todo cerebro humano es capaz de recoger vibraciones de pensamiento que otros cerebros están emitiendo.

24 de noviembre

En relación con la afirmación del día anterior, animo al lector a que compare y considere la descripción de la imaginación creativa. La imaginación creativa es el equipo receptor del cerebro, que recibe pensamientos liberados por los cerebros de los demás. Es el agente de comunicación entre la conciencia o mente razonable de uno y las cuatro fuentes de las que puede recibir estímulos de pensamiento.

25 de noviembre

Cuando se estimula o «aumenta» a una frecuencia más elevada de vibración, la mente se vuelve más receptiva a la vibración del pensamiento que llega de fuentes externas por medio del éter. Este «aumento» tiene lugar mediante las emociones positivas o las negativas. A través de ellas pueden incrementarse las vibraciones del pensamiento. El pensamiento es energía que viaja con una frecuencia extremadamente alta de vibración. El pensamiento que se ha modificado o «aumentado» por cualquiera de las principales emociones vibra a una frecuencia mucho más elevada que el pensamiento corriente, y es esta clase de pensamiento el que pasa de un cerebro a otro, mediante la maquinaria de trasmisión del cerebro humano.

26 de noviembre

La emoción del sexo encabeza la lista de las emociones humanas en lo que se refiere a intensidad y fuerza motriz. El cerebro que ha sido estimulado con la emoción del sexo vibra a un ritmo mucho más rápido que cuando la emoción es inactiva o ausente. El resultado de la trasmutación sexual es el incremento de la frecuencia de la vibración de los pensamientos hasta tal punto que la imaginación creativa se vuelve sumamente receptiva a las ideas que recoge del éter. Por otra parte, cuando el cerebro vibra a una frecuencia elevada, no sólo atrae pensamientos e ideas emitidas por otro cerebro a través del éter, sino que también le da a los propios pensamientos ese «sentimiento» esencial para que el subconsciente los recoja y actúe sobre ellos. De este modo, el lector verá que el principio de trasmisión es el factor mediante el cual mezcla sentimientos o emociones con sus pensamientos y los trasfiere a su subconsciente.

27 de noviembre

El subconsciente es la «estación emisora» del cerebro por medio de la que se difunden las vibraciones del pensamiento. La imaginación creativa es el «aparato receptor» que recoge del éter las vibraciones del pensamiento.

Junto con los factores más importantes del subconsciente y la facultad de la imaginación creativa, que constituyen los aparatos emisores y receptores de nuestra maquinaria trasmisora de la mente, consideremos ahora el principio de la autosugestión, que es el medio por el que podemos poner en funcionamiento nuestra estación «difusora».

El funcionamiento de nuestra estación «trasmisora» de la mente es un procedimiento relativamente simple. El lector sólo tiene que tener en cuenta y aplicar tres principios cuando desee utilizar su estación trasmisora: el subconsciente, la imaginación creativa y la autosugestión.

28 de noviembre

Las mayores fuerzas son «intangibles». A lo largo de las épocas, el ser humano ha estado demasiado supeditado a sus sentidos sensoriales y ha limitado su conocimiento a los objetos físicos que podía ver, tocar, pesar y medir.

Ahora estamos empezando una de las etapas más maravillosas de todas; una etapa que nos enseñará algo sobre las fuerzas intangibles del mundo que nos rodea. Quizás aprendamos, a medida que avanzamos en esta etapa, que el «otro yo» es más poderoso que el yo físico que vemos cuando nos miramos en un espejo.

Algunas veces las personas hablan a la ligera sobre los intangibles: las cosas que no podemos percibir mediante ninguno de nuestros cinco sentidos. Cuando las oigamos, deberían recordarnos que todos nosotros estamos controlados por fuerzas que son invisibles e intangibles.

29 de noviembre

La totalidad de la humanidad no tiene el poder de controlar ni lidiar con las fuerzas intangibles envueltas en las ondulantes olas de los océanos. El ser humano no tiene la capacidad de entender la fuerza intangible de la gravedad, que mantiene en suspensión esta pequeña Tierra en el aire e impide que caigamos de ella, y mucho menos el poder para controlar esta fuerza. El ser humano está completamente sometido a la fuerza intangible que conlleva una tormenta, y está igual de indefenso en presencia de la fuerza intangible de la electricidad; ¡no, ni siquiera sabe lo que es la electricidad, de dónde viene ni cuál es su propósito!

Aquí no termina de ningún modo la ignorancia del ser humano en relación con las cosas invisibles e intangibles. No comprende la fuerza intangible (y la inteligencia) que envuelve la tierra de este planeta, la fuerza que le proporciona cada bocado que ingiere, cada prenda de ropa que viste y cada dólar que lleva en el bolsillo.

30 de noviembre

El ser humano, con toda su ostentosa cultura y educación, entiende muy poco o nada sobre la fuerza intangible. Apenas sabe nada sobre el cerebro y su vasta red de maquinaria intrincada mediante la que se traduce el poder del pensamiento en su equivalente material, aunque ahora está entrando en una etapa que le abastecerá de conocimientos sobre el tema. Los científicos han destapado suficiente conocimiento para saber que la centralita del cerebro humano, el número de líneas que conectan unas neuronas con otras, equivale a una unidad a la que le siguen 15 millones de ceros.

Resulta inconcebible que una red de maquinaria tan intrincada exista exclusivamente para mantener las funciones físicas correspondientes al crecimiento y mantenimiento del cuerpo. ¿No es probable que el mismo sistema que le da a miles de millones de neuronas el medio con el que comunicarse unas con otras, también proporcione el medio de comunicación con otras fuerzas intangibles?

Diciembre

El doceavo paso hacia las riquezas

EL SEXTO SENTIDO
y
CÓMO BURLAR A LOS SEIS
FANTASMAS DEL MIEDO

1 de diciembre

El «decimotercer» principio se conoce como sexto sentido, mediante el que la Inteligencia Infinita puede comunicarse voluntariamente sin ningún esfuerzo ni demanda del individuo. Este principio es la cúspide de esta filosofía. Sólo se puede asimilar, comprender y aplicar si primero se dominan los otros doce principios.

El sexto sentido es esa parte del subconsciente a la que me he referido con el nombre de inteligencia creativa. También me he referido a él como «aparato receptor» mediante el que las ideas, los planes y los pensamientos destellan en la mente. Los «destellos» a veces se denominan «corazonadas» o «inspiraciones».

2 de diciembre

¡El sexto sentido es difícil de describir! No es posible describírselo a una persona que no haya dominado los demás principios de esta filosofía, porque no dispone del conocimiento ni la experiencia con los que compararlo.

La comprensión del sexto sentido sólo tiene lugar mediante la meditación y el desarrollo mental desde dentro. El sexto sentido probablemente sea el medio de contacto entre la mente finita del ser humano y la Inteligencia Infinita, y por este motivo, es una mezcla de lo mental y lo espiritual. Se cree que es el punto en el que la mente del ser humano contacta con la Mente Universal.

3 de diciembre

Con ayuda del sexto sentido, se le advertirá con antelación de los peligros inminentes para que pueda evitarlos, y se le notificarán las oportunidades para que las aproveche. Acudirá en su ayuda y a su petición, con el desarrollo del sexto sentido, un «ángel guardián» que en todo momento le abrirá las puertas del templo de la sabiduría.

4 de diciembre

La naturaleza nunca se desvía de sus leyes establecidas. Algunas de sus leyes son tan incomprensibles que provocan lo que nos parecen «milagros». El sexto sentido es lo más cercano a un milagro que he experimentado, y lo parece así sólo porque no entiendo el método de funcionamiento de este principio. Hay un poder, Primera Causa o Inteligencia que impregna cada átomo de materia y abarca todas las unidades de energía perceptibles para el ser humano, y que esta Inteligencia Infinita convierte las bellotas en robles, hace que el agua descienda de una montaña en respuesta a la ley de la gravedad, que la noche siga al día y el invierno al verano, y que todo mantenga su lugar y relación adecuada con el otro. Esta Inteligencia puede, mediante los principios de esta filosofía, impulsarse a ayudar en la trasmutación de los deseos en formas concretas o materiales. Sé todo esto porque he experimentado con ello y he vivido la experiencia.

5 de diciembre

En alguna parte de la estructura celular del cerebro hay un órgano que recibe vibraciones del pensamiento comúnmente llamadas «corazonadas». Hasta ahora, la ciencia no ha descubierto dónde se localiza este órgano del sexto sentido, pero eso no es lo importante. El hecho es que los seres humanos reciben un conocimiento preciso mediante fuentes distintas a los sentidos físicos. Este conocimiento, generalmente, se recibe cuando la mente se halla bajo la influencia de una estimulación extraordinaria. Cualquier emergencia que despierte las emociones y haga que el corazón lata más rápido de lo normal pone el sexto sentido en acción. Cualquiera que haya estado a punto de tener un accidente mientras conducía sabe que, en estas ocasiones, el sexto sentido normalmente acude a su rescate y le ayuda a evitarlo en fracciones de segundo.

6 de diciembre

El sexto sentido no es algo que uno pueda ponerse y quitarse a voluntad. La habilidad para utilizar este gran poder surge lentamente, por medio de la aplicación de los demás principios esbozados en este libro. Rara vez un individuo adquiere un conocimiento práctico del sexto sentido antes de los cuarenta. Con mucha frecuencia el conocimiento no está a su alcance hasta pasados los cincuenta, por el hecho de que las fuerzas espirituales, con las que el sexto sentido está tan estrechamente relacionado, no maduran ni se vuelven funcionales excepto con años de meditación, exámenes de conciencia y pensamiento serio.

Quienquiera que sea el lector y sea cual sea su propósito al leer este libro, podrá beneficiarse de él sin necesidad de comprender el principio descrito en este capítulo, especialmente si su principal propósito es acumular dinero o bienes materiales.

7 de diciembre

El punto inicial de todo logro es el deseo. El punto final es el tipo de conocimiento que lleva a uno a la comprensión: comprensión de sí mismo, comprensión de los demás, comprensión de las leyes de la naturaleza, reconocimiento y comprensión de la felicidad.

Esta clase de conocimiento alcanza su plenitud sólo cuando uno se familiariza con él y utiliza el principio del sexto sentido, de ahí que este principio debiera incluirse como parte de esta filosofía para el beneficio de los que exijan más que dinero.

8 de diciembre

Hay seis temores que son la causa de todo desaliento, timidez, demora, indiferencia, indecisión y falta de ambición, de confianza en uno mismo, de iniciativa, de autocontrol y de entusiasmo. Existen seis temores básicos que, en conjunto, todos los seres humanos sufren en alguna que otra ocasión. Toda persona que no sufra los seis a la vez puede considerarse afortunada. Citados en función de la frecuencia con que suelen aparecer, son:

Temor a la pobreza
Temor a la crítica
Temor a la mala salud
Temor a la pérdida del amor de alguien
Temor a envejecer
Temor a la muerte

Es aconsejable que uno se analice a sí mismo a medida que estudie estos seis enemigos, porque éstos tal vez sólo existan en su subconsciente, donde su presencia es difícil de detectar.

Debe recordar, mientras analice los «seis fantasmas del miedo», que únicamente son fantasmas porque sólo existen en la propia mente. También debe recordar que los fantasmas —creaciones de la incontrolable imaginación— han causado la mayor parte del daño que las personas se han hecho a sí mismas, por lo tanto, los fantasmas pueden ser igual de peligrosos que si vivieran y caminaran sobre la tierra en cuerpos físicos.

9 de diciembre

Antes de que uno pueda usar con éxito cualquier parte de esta filosofía, su mente debe estar preparada para recibirla. La preparación no es difícil. Empieza con el estudio, el análisis y la comprensión de tres enemigos que deben eliminarse, y que son los siguientes: la indecisión, la duda y el miedo.

El sexto sentido nunca funcionará mientras permanezcan en su mente estos tres enemigos o alguno de ellos. Los integrantes de este malvado trío están íntimamente relacionados; donde se encuentre uno, los otros dos estarán muy cerca.

¡La indecisión es el vástago del miedo! Es conveniente que el lector lo recuerde a medida que lea. ¡La indecisión se cristaliza en duda, y juntas se combinan para convertirse en miedo! El proceso de «combinación» normalmente es lento, y es una de las razones que explican por qué estos tres enemigos son tan peligrosos. Germinan y crecen sin que pueda observarse su presencia.

10 de diciembre

Antes de poder dominar al enemigo debemos saber su nombre, sus hábitos y su domicilio. A medida que lea, el lector debe analizarse detenidamente y determinar si alguno de los seis temores (que figuran en el 8 de diciembre) se ha unido a él.

No se deje engañar por los hábitos de estos sutiles enemigos. Algunas veces permanecen escondidos en el subconsciente, donde son difíciles de localizar y todavía más difíciles de eliminar.

11 de diciembre

El predominio de estos miedos, que son una maldición para el mundo, funciona por ciclos. Durante casi seis años, mientras tenía lugar la depresión estadounidense, nos debatimos con el ciclo del temor a la pobreza. Durante la Primera Guerra Mundial estuvimos en el ciclo del temor a la muerte. Justo después de la guerra pasamos por el ciclo del temor a la mala salud, como quedó evidente por las epidemias de enfermedades que se expandieron por todo el mundo.

Los temores no son más que estados mentales. El estado mental de uno está sujeto al control y la dirección. Los médicos, como todos saben, están menos sujetos a las enfermedades que el gran público, por el hecho de que no temen a las enfermedades. Los médicos, sin miedo ni dudas, se han dado a conocer por contactar cada día físicamente con cientos de personas que sufrían enfermedades tan contagiosas como la varicela y no haberse contagiado. Su inmunidad contra la enfermedad consistía, en gran medida, si no exclusivamente, en su absoluta falta de miedo.

12 de diciembre

El ser humano no puede crear nada que primero no conciba en forma de impulso del pensamiento. A esta afirmación le sigue otra de mayor importancia: los impulsos del pensamiento del ser humano empiezan inmediatamente a convertirse en su equivalente físico, sean estos pensamientos voluntarios o involuntarios. Los impulsos del pensamiento que se recogen del éter por mera casualidad (pensamientos que han emitido otras mentes) pueden determinar el propio destino económico, empresarial, profesional o social con la misma exactitud que los impulsos del pensamiento que uno crea intencional y deliberadamente.

13 de diciembre

Aquí exponemos los fundamentos para presentar un hecho de gran importancia para la persona que no entiende por qué algunas personas parecen ser «afortunadas» mientras que otras con igual o mayor capacidad, educación, experiencia y capacidad intelectual parecen estar destinadas a pasearse con la desgracia. Esto puede explicarse por el hecho de que todo ser humano tiene la capacidad de controlar completamente su propia mente, y con este control, obviamente, toda persona puede abrir su mente a los vagos impulsos del pensamiento que emiten otros cerebros, o cerrar la puerta herméticamente y admitir sólo los impulsos que elija.

14 de diciembre

La naturaleza ha investido al ser humano con el control absoluto de una sola cosa, que es el pensamiento. Esto, relacionado con el hecho de que todo lo que crea el ser humano empieza en forma de pensamiento, acerca a uno al principio mediante el que puede dominarse el miedo.

Si es cierto que todo pensamiento tiende a vestirse con su equivalente físico (y es verdad más allá de todas las dudas), es igualmente cierto que los impulsos del pensamiento de miedo y pobreza no pueden traducirse en términos de coraje y ganancias económicas.

Los estadounidenses empezaron a pensar en la pobreza después del crac de Wall Street en 1929. Poco a poco, este pensamiento en masa se cristalizó en su equivalente físico que se dio a conocer con el nombre de «depresión». Esto tenía que ocurrir, pues está en conformidad con las leyes de la naturaleza.

15 de diciembre

¡No puede haber correspondencia entre la pobreza y la riqueza! Los caminos que llevan a la pobreza y a la riqueza tienen direcciones opuestas. Si uno desea riquezas, debe negarse a aceptar toda circunstancia que lleve a la pobreza. (La palabra «riqueza» se utiliza aquí en su sentido más amplio, referente a las posiciones económica, espiritual, mental y material). El punto inicial del camino que lleva a las riquezas es el deseo.

Éste es el lugar para que el lector se proponga un desafío que determinará definitivamente la cantidad que ha absorbido de esta filosofía. Aquí es donde puede convertir la profecía y la predicción, exactamente, en lo que el futuro está reservando para él. Si después de leer este capítulo está dispuesto a aceptar la pobreza, también deberá decidirse a recibir la pobreza. Es una decisión que no puede evitar.

16 de diciembre

Si exige riquezas, debe determinar en qué forma y qué cantidad necesitará para estar satisfecho. Conoce el camino que lleva a las riquezas. Se le ha dado un mapa que, si lo sigue, lo mantendrá en el camino. Si no empieza o se detiene antes de llegar, no podrá culpar a nadie más que a sí mismo. Es responsabilidad suya. Ninguna excusa lo salvará de aceptar su responsabilidad si fracasa o se niega a pedirle riquezas a la vida, porque la aceptación sólo necesita una cosa —casualmente, lo único que puede controlar— que es el estado mental. Un estado mental es algo que uno asume. No puede comprarse, debe crearse.

17 de diciembre

El Fantasma del Miedo a la Pobreza, que confiscó las mentes de millones de personas en 1929, era tan real que causó la peor depresión financiera que jamás ha conocido Estados Unidos.

¡El temor a la pobreza es un estado mental, nada más! Pero es suficiente para destruir las posibilidades de éxito en cualquier empresa, una verdad que se hizo dolorosamente evidente durante la depresión.

Este temor paraliza la facultad de razonamiento, destruye la facultad de la imaginación, extermina la confianza en uno mismo, socava el entusiasmo, desalienta la iniciativa, lleva a la incertidumbre, fomenta la demora, mina el entusiasmo y hace que el autocontrol resulte imposible. Se lleva el encanto de la personalidad, destruye la posibilidad de pensar adecuadamente, distrae la concentración de los esfuerzos, domina la persistencia, convierte en nada la fuerza de voluntad, destruye la ambición, opaca la memoria e invita al fracaso de cualquier forma posible; termina con el amor y con las emociones más bondadosas, desalienta la amistad e invita al desastre de todo tipo, conduce al desvelo, el sufrimiento y la infelicidad. Y todo esto a pesar de que vivimos en un mundo con sobreabundancia de todo lo que el corazón podría desear, con nada que se interponga entre nosotros y nuestros deseos, excepto la falta de un propósito definido.

18 de diciembre

El miedo a la pobreza es, sin duda, el más destructivo de todos los miedos. Encabeza la lista porque es el más difícil de vencer. Se necesita un valor considerable para exponer la verdad sobre el origen de este miedo, y aún más para aceptarlo. El miedo a la pobreza surgió de la tendencia innata del ser humano de devorar económicamente al prójimo. Casi todos los animales están motivados por instinto, pero su capacidad de «pensar» es limitada. Por consiguiente, devoran a los demás físicamente. El ser humano, con su sensación superior de intuición, con la capacidad de pensar y razonar, no se come el cuerpo de su prójimo, porque logra más satisfacción al «comérselo» económicamente. El ser humano es tan avaricioso que todas las leyes que existen se han promulgado para salvaguardarlo de sus semejantes.

¡Nada le proporciona al hombre tanto sufrimiento y humillación como la pobreza! Sólo aquellos que han experimentado la pobreza comprenden el completo significado de esta afirmación.

19 de diciembre

SÍNTOMAS DEL TEMOR A LA POBREZA

Indiferencia. Se expresa habitualmente con falta de ambición, disposición a tolerar la pobreza, aceptación de cualquier compensación que la vida le ofrezca sin protestar, pereza mental y física, falta de iniciativa, de imaginación, de entusiasmo y de autocontrol.

Indecisión. El hábito de permitir que los demás piensen por uno mismo, de «nadar entre dos aguas».

Duda. Generalmente se expresa con excusas ideadas para encubrir, encontrar una explicación convincente o disculparse de los propios fracasos, y algunas veces se expresa en forma de envidia o críticas a aquellos que prosperan.

Preocupación. Suele manifestarse en la búsqueda de defectos en los demás, en una tendencia a gastarse más dinero del que se gana, en el descuido de la apariencia, en una ingesta excesiva de bebidas alcohólicas y algunas veces en el uso de narcóticos, en nerviosismo, falta de aplomo, timidez y desconfianza.

Exceso de precaución. El hábito de buscar el lado negativo de toda circunstancia, pensar y hablar del posible fracaso en lugar de concentrarse en los medios para triunfar. Conocer todos los caminos que llevan al desastre pero nunca buscar planes para evitar el fracaso. Esperar «el momento adecuado» para empezar a poner las ideas y los planes en acción, hasta que la espera se convierte en un hábito permanente.

Aplazamiento. El hábito de dejar para mañana lo que debería haberse hecho hace un año. Se caracteriza por negarse a aceptar la responsabilidad cuando puede evitarse; en la disposición a comprometerse en lugar de luchar; en negociar con la vida por un penique, en lugar de pedirle prosperidad, opulencia, riquezas, satisfacción y felicidad; en asociarse con aquellos que aceptan la pobreza en lugar de buscar la compañía de aquellos que piden y reciben riquezas.

20 de diciembre

El miedo a las críticas puede adoptar muchas formas, la mayoría de las cuales son insignificantes y triviales.

El temor a las críticas despoja al ser humano de su iniciativa, destruye su capacidad de imaginación, limita su individualidad, sustrae su confianza en sí mismo y le hace daño de cien maneras distintas. Los padres a veces hacen un daño irreparable a sus hijos cuando los critican. Las críticas son el tipo de servicio del que todos tenemos demasiado. Todo el mundo tiene una provisión que entrega, de forma gratuita, tanto si se lo piden como si no. Los propios familiares más cercanos a veces son los peores infractores. Debería estar reconocido como un crimen (en realidad, es un crimen de la peor naturaleza) que cualquier padre o madre creara complejos de inferioridad en la mente de un niño por medio de críticas innecesarias. Los empleadores que comprenden la naturaleza humana sacan lo mejor de las personas no mediante críticas, sino por medio de sugerencias constructivas. Los padres pueden lograr los mismos resultados con sus hijos. Las críticas implantarán miedo o resentimiento en el corazón humano, pero no construirán amor ni afecto.

Este miedo es casi tan universal como el miedo a la pobreza y sus efectos son igual de perjudiciales para el logro personal, principalmente porque este miedo destruye la iniciativa y desalienta el uso de la imaginación.

21 de diciembre

SÍNTOMAS DEL TEMOR A LAS CRÍTICAS

Timidez. Generalmente expresada por medio de nerviosismo, timidez en las conversaciones y en los encuentros con personas desconocidas, movimientos torpes de las manos y los pies y una mirada inquieta.

Falta de desenvoltura. Expresada mediante una falta de control de la voz, nerviosismo en presencia de los demás, mala postura del cuerpo y mala memoria.

Personalidad. Falta de firmeza en las decisiones, de encanto personal y de capacidad de expresar las opiniones de forma terminante. Hábito de dejar a un lado los asuntos en lugar de enfrentarse a ellos directamente. Estar de acuerdo con los demás sin revisar detenidamente sus opiniones.

Complejos de inferioridad. Costumbre de mostrar la aprobación de uno mismo por medio de palabras y acciones para ocultar el propio sentimiento de inferioridad. Uso de «buenas palabras» para impresionar a los demás (a menudo sin saber su verdadero significado). Imitar a los demás en sus formas de vestir, hablar y comportarse. Hábito de jactarse de logros imaginarios.

Extravagancia. Hábito de intentar «no ser menos que el vecino», gastando más de lo que le permiten sus ingresos.

Falta de iniciativa. Fracaso a la hora de aprovechar oportunidades para progresar, temor a expresar opiniones, falta de confianza en las propias ideas, dar respuestas evasivas a preguntas de un superior, vacilación en la manera de comportarse y de hablar y engañarse con palabras y acciones.

Falta de ambición. Pereza mental y física, falta de carácter firme, lentitud en la toma de decisiones, facilidad en dejarse influir por los demás, hábito de criticar a los demás a sus espaldas y de halagarlos en su presencia, costumbre de aceptar las derrotas sin protestar, de abandonar una tarea cuando los demás se oponen, de sospechar de los demás sin pruebas, falta de tacto en la conducta y el habla e incapacidad de aceptar la propia culpa por los errores cometidos.

22 de diciembre

El temor a la mala salud puede remontarse a una herencia física y social. Su origen está estrechamente relacionado con las causas del miedo a la vejez y el miedo a la muerte, porque conducen a uno al borde de «mundos terribles» de los que el ser humano no sabe nada, pero de los cuales le han enseñado historias inquietantes.

Existe una abrumadora evidencia de que la enfermedad a veces empieza en forma de un impulso de pensamiento negativo. Tal impulso puede trasmitirse de una mente a otra, mediante sugestión, o crearlo un individuo en su propia mente. Se ha demostrado, con la mayor certeza posible, que el temor a la enfermedad, incluso aunque no exista una sola causa para tener miedo, con frecuencia provoca los síntomas físicos de la temida enfermedad.

Por lo general, el ser humano teme a la mala salud por las terribles imágenes que se le han implantado en la mente de lo que le podría pasar si lo alcanzara la muerte. También la teme por la carga económica que podría representar.

23 de diciembre

SÍNTOMAS DEL TEMOR A LA ENFERMEDAD

Autosugestión. Costumbre de usar negativamente la autosugestión, en el sentido de buscar y esperar encontrar los síntomas de cualquier tipo de enfermedad. «Disfrutar» de las enfermedades imaginarias y hablar de ellas como si fueran reales. Hábito de probar todas las «modas» y los «ismos» que los demás recomiendan por tener valor terapéutico. Hablar con los demás sobre operaciones, accidentes y otras formas de enfermedad. Experimentar con dietas, ejercicios físicos y métodos de adelgazamiento sin una orientación médica.

Hipocondría. Hábito de hablar y de concentrar los pensamientos en la enfermedad, y suponer su aparición hasta que ocurre una crisis nerviosa. Ningún medicamento puede curar esta condición. Surge por un pensamiento negativo y sólo el pensamiento positivo puede hacer algo por remediarla.

Ejercicio. El temor a la mala salud a menudo interfiere con un ejercicio físico adecuado y resulta en sobrepeso, lo cual provoca que uno evite la vida exterior.

Susceptibilidad. El temor a la mala salud destroza la resistencia natural del cuerpo y crea condiciones favorables para sufrir cualquier clase de enfermedad que uno pueda contraer.

Consentirse a uno mismo. Hábito de buscar un poco de simpatía usando como cebo las enfermedades imaginarias. (Las personas con frecuencia recurren a este truco para evitar trabajar). Hábito de fingir enfermedades para ocultar la mera pereza o para usar como excusa por la falta de ambición.

Intemperancia. Hábito de usar el alcohol y los narcóticos para terminar con los dolores en lugar de eliminar la causa. Hábito de leer sobre las enfermedades, de preocuparse por la posibilidad de padecerlas.

24 de diciembre

La fuente original del temor a la pérdida del amor apenas necesita describirse, porque obviamente surgió de la tendencia del hombre a la poligamia, con la que el hombre tenía la costumbre de quitarle la pareja a sus semejantes y de tomarse libertades con ella siempre que quería.

Los celos y otras formas de demencia precoz surgieron del temor innato del ser humano a la pérdida del amor de alguien. Este temor es el más doloroso de los seis. Probablemente trastoca más la mente y el cuerpo que cualquier otro temor básico, puesto que con frecuencia conduce a la locura permanente.

25 de diciembre

SÍNTOMAS DEL TEMOR A LA PÉRDIDA DEL AMOR

Celos. Hábito de sospechar de los amigos y los seres queridos sin ninguna evidencia razonable de tener motivos suficientes. (Los celos son un tipo de demencia precoz que a veces le vuelve a uno agresivo sin la más mínima causa). Hábito de acusar de infidelidad a la mujer o al marido sin tener ningún fundamento. Sospecha generalizada y falta absoluta de fe en todos.

Búsqueda de defectos. Hábito de encontrar defectos en los amigos, los familiares, los compañeros de trabajo y los seres queridos a la mínima provocación o sin ninguna causa que lo justifique.

Adicción al juego. Hábito de jugar, robar, engañar y aceptar cualquier ocasión de riesgo para llevar dinero a sus seres queridos, con la creencia de que el amor se puede comprar. Hábito de gastar más allá de las posibilidades de uno, de endeudarse, de hacer regalos a la persona amada con objeto de dar una imagen favorable. Insomnio, nerviosismo, falta de persistencia, falta de voluntad, falta de autocontrol, de autoconfianza y mal temperamento.

26 de diciembre

El temor a la vejez proviene de dos fuentes. La primera es la creencia de que la vejez puede acarrear pobreza.

La segunda, y con mucho la más común, son las falsas y crueles enseñanzas del pasado que se han mezclado demasiado con referencias apocalípticas y otros fantasmas astutamente ideados para esclavizar al ser humano a través del miedo.

La posibilidad de tener una mala salud, que es más habitual a medida que las personas se hacen mayores, también contribuye a este temor común a la vejez.

Otra causa del temor a la vejez es la posibilidad de perder la libertad y la independencia, puesto que la vejez puede suponer la pérdida de la libertad tanto física como económica.

27 de diciembre

SÍNTOMAS DEL TEMOR A LA VEJEZ

Tendencia a desacelerar y a desarrollar complejos de inferioridad en la edad de la madurez mental, alrededor de los cuarenta, con la falsa creencia de que uno está «resbalando» a causa de la edad. (Lo cierto es que los años más provechosos del ser humano, mental y espiritualmente, son entre los cuarenta y los sesenta).

Hábito de hablar pidiendo disculpas por «ser viejo» sólo porque uno ha llegado a los cuarenta o los cincuenta, en lugar de darle la vuelta a esta situación y expresar gratitud por haber llegado a la edad de la sabiduría y la comprensión.

Hábito de terminar con la iniciativa, la imaginación y la confianza en uno mismo por la falsa creencia de que uno es demasiado viejo para tener estas cualidades. Hábito de hombres y mujeres de cuarenta años que se visten con el fin de intentar aparentar ser mucho más jóvenes y que actúan como los jóvenes, inspirando de este modo el ridículo, tanto a sus amigos como a los desconocidos.

28 de diciembre

Para algunos, éste es el temor más cruel de todos. La razón es obvia. Las terribles punzadas del miedo asociado con la idea de la muerte, en la mayoría de los casos, pueden cargarse directamente a cuenta del fanatismo religioso. Los llamados «paganos» temen menos a la muerte que los más «civilizados». Durante miles de años, el ser humano se ha estado haciendo las siguientes preguntas que todavía restan sin responder: «de dónde» y «adónde». ¿De dónde he venido y adónde iré? Los manicomios están repletos de hombres y mujeres que han enloquecido a causa del temor a la muerte.

Este miedo no tiene utilidad alguna. La muerte llegará al margen de lo que cualquier persona pueda pensar sobre ella. Uno debe aceptarla, puesto que es una necesidad, y apartar de su mente ese pensamiento. Si la muerte no fuera una necesidad no le ocurriría a todo el mundo. Quizás no sea tan mala como se ha retratado siempre.

29 de diciembre

SÍNTOMAS DEL TEMOR A LA MUERTE

El hábito de pensar en la muerte en lugar de sacar el máximo provecho de la vida, debido, generalmente, a una falta de objetivos o de una ocupación adecuada. Este temor predomina más en la vejez, pero algunas veces los más jóvenes son víctimas de él. El mejor de los remedios para el temor a la muerte es tener un deseo imperioso de triunfar, respaldado por un servicio útil que ofrecer a los demás. Una persona ocupada rara vez tiene tiempo de pensar en la muerte. Considera que la vida es demasiado apasionante para preocuparse por la muerte. Algunas veces el temor a la muerte está estrechamente relacionado con el temor a la pobreza, donde la propia muerte dejaría a los seres queridos en una situación miserable. En otros casos, el temor a la muerte se debe a una enfermedad y a la consecuente pérdida de resistencia del cuerpo. Las causas más comunes del temor a la muerte son: mala salud, pobreza, falta de una ocupación adecuada, desilusión con el amor, locura y fanatismo religioso.

30 de diciembre

La preocupación es un estado mental basado en el miedo. Surte efecto lentamente pero de manera persistente. Es insidiosa y sutil. Poco a poco «se abre paso» hasta que paraliza la facultad de razonamiento y destruye la confianza en uno mismo y la iniciativa. La preocupación es un tipo de miedo prolongado causado por la indecisión, por lo tanto, es un estado mental que puede controlarse.

Una mente inestable no tiene ninguna utilidad, y la indecisión crea inestabilidad. La mayoría de las personas carecen de fuerza de voluntad para tomar decisiones rápidamente y para permanecer fieles a ellas cuando las han tomado, incluso en condiciones económicas normales. Durante los períodos de desasosiego económico (tal y como el mundo ha experimentado recientemente), el individuo se ve desfavorecido no sólo por su natural lentitud en la toma de decisiones, sino por la influencia de la indecisión de quienes le rodean, que crean un estado de «indecisión masiva».

31 de diciembre

«La vida es un tablero de ajedrez y el jugador contrario es el tiempo. Si uno vacila antes de mover una pieza o no la mueve inmediatamente, el tiempo apartará sus piezas del tablero. ¡Está jugando contra un adversario que no tolerará la indecisión!».

Previamente habrá podido tener una excusa lógica para no haber obligado a la vida a proporcionarle aquello que le pidió, pero esta excusa ahora está obsoleta, porque ya tiene en su posesión la llave maestra que abre la puerta a las abundantes riquezas de la vida.

¡La llave maestra es intangible, pero poderosa! Es el privilegio de crear, en la propia mente, un deseo ardiente por un tipo concreto de riquezas. No hay ninguna penalización por el uso de la llave, pero hay un precio que uno debe pagar si no la utiliza: ese precio es el fracaso. Si utiliza la llave, hay una recompensa de proporciones magníficas: la satisfacción que sobreviene a todos los que conquistan su ego y obligan a la vida a pagarles aquello que le piden.

La recompensa es digna del esfuerzo. ¿Se pondrá manos a la obra para convencerse?

Índice